Günther Plamenig

Der wahre und richtige Geschäftspartner

Was erfolgreiche Unternehmenspartnerschaften wirklich ausmacht

Warum so viele Partnerschaften scheitern

Gemeinsame Visionen das Fundament jeder Partnerschaft

Notizen:

Günther Plamenig

Der wahre und richtige Geschäftspartner

Was erfolgreiche Unternehmenspartnerschaften wirklich ausmacht

Warum so viele Partnerschaften scheitern

Gemeinsame Visionen das Fundament jeder Partnerschaft

Copyright: Verlag Bottom up

Birkenstrasse 14

CH- 4142 Münchenstein

E- Mail: bottomupverlag@gmail.com

Auflage 1

Ungekürzte Ausgabe:

April 2025 Verlag Bottom up

Umschlagseite: Yves & Günther Plamenig

Satz: Yves Plamenig

Beratung: Marketing Yves Plamenig

Vermarktung: Yves und Günther Plamenig

Danke an alle die in Zusammenhang zur Veröffentlichung diesem Buch mitgearbeitet haben. Besonderes dir ein grosses Danke Yves nochmals.

Druck: Libri Plureos GmbH, Friedensallee 273, 22763 Hamburg

ISBN: 978-3-907720-27-1 EAN 9783907720271

Notizen:

Notizen:

Einleitung:

Eine Partnerschaft, die trägt

Ein Unternehmen zu gründen ist eine Herausforderung. Es braucht Mut, Vision, Disziplin – und oft jemanden, der diesen Weg mitgeht. Viele träumen von einem Geschäftspartner, mit dem alles leicht von der Hand geht, mit dem man sich blind versteht, ergänzt, motiviert und auf Augenhöhe zusammenarbeitet. Doch in der Realität scheitern viele Partnerschaften – nicht an der Geschäftsidee, nicht am Markt, sondern am menschlichen Miteinander.

Dieses Buch soll aufzeigen, worauf es wirklich ankommt, wenn zwei oder mehr Menschen gemeinsam ein Unternehmen aufbauen wollen. Es geht um viel mehr als eine rein geschäftliche Beziehung. Eine gute Geschäftspartnerschaft ist wie eine Ehe auf Zeit – manchmal für ein paar Jahre, manchmal für ein Leben. Sie braucht Vertrauen, Offenheit, Struktur, Klarheit und gemeinsame Werte.

In diesem Buch wirst du keine theoretischen Modelle finden, die fern von der Praxis sind. Stattdessen erhältst du ein tiefes Verständnis dafür, was eine funktionierende unternehmerische Partnerschaft ausmacht – mit zahlreichen Beispielen, psychologischem Hintergrundwissen und konkreten Impulsen, die du direkt in der Praxis anwenden kannst.

Ob du bereits in einer Partnerschaft arbeitest oder vor der Entscheidung stehst, mit jemandem gemeinsam zu gründen – dieses Buch ist dein Kompass für eine stabile, erfolgreiche und erfüllende geschäftliche Beziehung.

Notizen:

Kapitel 1: Warum der richtige Geschäftspartner über Erfolg oder Misserfolg entscheidet

Die Entscheidung, mit jemandem ein Unternehmen zu gründen, ist eine der wichtigsten unternehmerischen Weichenstellungen, die du treffen kannst. Sie hat tiefgreifendere Auswirkungen als die Wahl deines Marktes, deines Produkts oder deiner Finanzierung. Warum? Weil ein Geschäftspartner nicht nur Mitgründer ist – er ist Sparringspartner, Mitgestalter, Vertrauensperson, Spiegel, Unterstützer und manchmal auch Herausforderer.

Wenn du dir einen Geschäftspartner suchst, dann suchst du nicht einfach jemanden, der gut in Excel ist oder ein Netzwerk in der Branche hat. Du suchst jemanden, mit dem du Jahre deiner Energie, deiner Ideen, deiner Träume und deiner Ängste teilst. Jemanden, der mit dir durch Erfolge und Krisen geht – und der im Zweifel deinen Rücken freihält, wenn es ernst wird. Wenn diese Beziehung nicht funktioniert, dann wird über kurz oder lang auch das Unternehmen nicht funktionieren. So einfach – und so brutal – ist das.

Was eine gute Partnerschaft ausmacht?

Eine gute geschäftliche Partnerschaft beginnt nicht bei den Zahlen. Sie beginnt bei der zwischenmenschlichen Kompatibilität. Damit ist nicht gemeint, dass man sich immer einig sein muss – im Gegenteil: Reibung kann sehr produktiv sein, wenn sie auf Respekt und Vertrauen basiert. Doch ohne ein Fundament aus gegenseitigem Verständnis und Wertschätzung wird jede Meinungsverschiedenheit schnell zur Zerreissprobe.

Zentrale Elemente einer erfolgreichen Partnerschaft sind:

• Geteilte Grundwerte: Wie gehen wir mit Kunden um? Was ist für uns ethisch vertretbar? Wie definieren wir Erfolg?

• Gegenseitiges Vertrauen: Kann ich mich darauf verlassen, dass mein Partner tut, was er sagt – und das sagt, was er denkt?

• Komplementäre Fähigkeiten: Bringen wir unterschiedliche, sich ergänzende Stärken ein?

• Kommunikative Offenheit: Können wir über alles reden – auch wenn es unangenehm ist?

• Gleichgewicht von Geben und Nehmen: Ist das Verhältnis fair, oder trägt einer dauerhaft mehr?

Diese Aspekte sind nicht nur "nice to have" – sie sind entscheidend. Denn sie bestimmen, ob ein Konflikt zur Spaltung oder zur Weiterentwicklung führt. Ob eine Krise uns trennt oder zusammenschweisst. Ob Erfolg Freude bringt oder Neid.

Warum so viele Partnerschaften scheitern

Die Statistik ist ernüchternd: Ein grosser Teil aller Unternehmensgründungen mit mehreren Partnern scheitert – nicht an der Geschäftsidee, sondern an der Partnerschaft selbst. Die Gründe sind vielfältig, aber sie lassen sich meist auf ein paar Kernprobleme zurückführen:

• Unklare Erwartungen: Wenn nie darüber gesprochen wurde, wer was will, kann auch niemand wissen, was als Nächstes zu tun ist.

• Unterschiedliche Ziele: Der eine will schnell wachsen, der andere vorsichtig sein. Der eine will verkaufen, der andere langfristig führen.

• Mangelnde Konfliktfähigkeit: Kritik wird geschluckt oder in Vorwürfe verwandelt. Missverständnisse eskalieren.

• Ungleiche Leistung: Einer arbeitet mehr, fühlt sich ausgenutzt – und der andere weiss nichts davon.

• Vertrauensverlust: Kleine Unehrlichkeiten, Verlässlichkeit wird enttäuscht – und irgendwann ist der Bruch da.

Was all diese Beispiele gemeinsam haben: Sie entstehen nicht über Nacht. Sondern sie entwickeln sich langsam – über Wochen, Monate, manchmal Jahre. Und genau deshalb ist es so wichtig, von Anfang an bewusst und klar mit dem Thema „Partnerschaft" umzugehen. Es ist kein Beiwerk, sondern das Fundament des Hauses, das ihr bauen wollt.

Was du über deinen potenziellen Partner wissen solltest

Bevor du mit jemandem gründest – oder auch, wenn du bereits mitten in einer Partnerschaft steckst –, solltest du dir einige wichtige Fragen stellen:

• Wie reagiert diese Person unter Druck?

• Wie geht sie mit Geld um?

• Kann sie mit Kritik umgehen – und Kritik geben?

• Was treibt sie an? Was sind ihre wahren Motive?

• Wie transparent ist sie in ihrer Kommunikation?

• Ist sie bereit, Verantwortung zu übernehmen – auch wenn es unangenehm wird?

Diese Fragen lassen sich nicht in einem Gespräch klären. Sie zeigen sich im gemeinsamen Tun, im Beobachten, im ehrlichen

Interesse füreinander. Wenn du jemanden nur aus dem beruflichen Kontext kennst, lohnt es sich, gemeinsam ein kleines Projekt umzusetzen, bevor ihr ein Unternehmen gründet. Lerne deinen Partner nicht nur im Erfolg kennen – sondern auch im Zweifel, im Konflikt, in der Langeweile.

Erfolg ist kein Sprint – sondern ein gemeinsamer Marathon. Eine unternehmerische Partnerschaft ist wie ein Langstreckenlauf. Es wird Phasen geben, in denen einer vorneweg läuft und der andere kaum hinterherkommt. Es wird Momente geben, in denen ihr euch gegenseitig tragt – oder euch streitet, wer die Richtung vorgibt. All das ist normal. Aber es funktioniert nur, wenn ihr ein Team seid. Wenn ihr euch vertraut. Wenn ihr an dieselbe Sache glaubt – und euch gegenseitig als Menschen wertschätzt. Ein guter Geschäftspartner macht dich besser. Er fordert dich heraus, ohne dich zu demütigen. Er ergänzt dich, ohne dich zu übergehen. Er inspiriert dich, ohne dich zu bedrängen. Und vor allem: Er bleibt, wenn es schwierig wird. Wenn du diesen Menschen gefunden hast – dann hast du einen der grössten Hebel für unternehmerischen Erfolg in der Hand.

Notizen:

Notizen:

Kapitel 2: Gemeinsame Visionen – Das Fundament jeder Partnerschaft

Wenn zwei Menschen beschliessen, gemeinsam ein Unternehmen zu führen, dann treffen sie damit eine Entscheidung, die weit über das rein Wirtschaftliche hinausgeht. Es ist eine Entscheidung, die ihre Zeit, ihre Energie, ihre Ideen und letztlich auch einen Teil ihrer Identität miteinander verknüpft. In dieser Verbindung liegt enormes Potenzial – aber auch grosse Verantwortung. Denn wenn man gemeinsam an etwas arbeitet, das Bestand haben soll, dann braucht es mehr als nur Sympathie, Fähigkeiten oder die gleiche Geschäftsidee. Es braucht eine gemeinsame Vision.

Eine Vision ist nicht bloss eine Vorstellung davon, wie das Unternehmen einmal aussehen soll. Sie ist das emotionale, strategische und kulturelle Leitbild einer Partnerschaft. Sie beantwortet nicht nur die Frage: Was wollen wir tun? – sondern vor allem: Warum wollen wir es tun? Für wen? Und wie soll sich das, was wir gemeinsam erschaffen, anfühlen – für uns, für unsere Kunden, für unsere Mitarbeitenden, für die Welt?

In der Anfangsphase einer Partnerschaft sind sich viele Gründer einig. Man versteht sich gut, ergänzt sich fachlich, ist voller Tatendrang und Aufbruchsstimmung. Doch genau hier liegt eine der grössten Gefahren: Diese Einigkeit wird oft mit gemeinsamer Vision verwechselt. Dabei ist sie häufig nur eine kurzfristige Übereinstimmung der Ziele – nicht aber der tieferen Überzeugungen, Werte und langfristigen Vorstellungen. Und das rächt sich früher oder später.

Denn, sobald die ersten Herausforderungen auftauchen – ein unerwarteter Rückschlag, Meinungsverschiedenheiten über Investitionen, neue Chancen oder Konflikte im Team – zeigt sich, ob die Partner wirklich in dieselbe Richtung blicken. Ob sie sich auf eine geteilte Vorstellung vom Ziel berufen können – oder ob jeder beginnt, seine eigene Landkarte zu zeichnen. Wenn letzteres geschieht, wird es gefährlich. Dann entstehen stille Reibungen. Dann beginnt ein unterschwelliges Ziehen an unterschiedlichen Enden. Und irgendwann, oft nach Monaten oder Jahren, wird deutlich: Man ist nicht mehr gemeinsam unterwegs.

Eine gemeinsame Vision schützt vor dieser schleichenden Entfremdung. Sie ist das verbindende Element, das auch dann trägt, wenn man sich in Details uneins ist. Sie ist der emotionale Resonanzraum, in dem sich beide Partner aufgehoben und verstanden fühlen. Und sie ist der Massstab, an dem sich tägliche Entscheidungen ebenso wie strategische Weichenstellungen messen lassen. Ohne eine klare Vision bleibt das Handeln oft reaktiv. Mit ihr wird es proaktiv, zielgerichtet und kohärent.

Doch wie entsteht so eine Vision? Nicht durch ein Brainstorming an einem Nachmittag, nicht durch einen Slogan oder eine Marketingfloskel. Sie entsteht im ehrlichen Gespräch, im gemeinsamen Nachdenken, im Abgleichen von Lebensvorstellungen, Wertvorstellungen, Bedürfnissen und inneren Bildern. Es geht darum, tief zu graben – und nicht nur über das Unternehmen zu sprechen, sondern auch über das Leben. Was bedeutet für dich Erfolg? Was willst du mit deiner Arbeit bewirken? Wie willst du leben, wenn dieses Unternehmen läuft? Welche Menschen willst du damit erreichen? Welche Haltung soll dieses Unternehmen verkörpern?

Diese Gespräche sind oft intensiv. Sie berühren persönliche Themen – und genau das ist auch gut so. Denn wer ein Unternehmen gemeinsam führt, der führt nicht nur eine Organisation, sondern auch einen gemeinsamen Lebensabschnitt. Die Art, wie man miteinander denkt, entscheidet mit darüber, wie man miteinander arbeitet – und lebt. Eine Partnerschaft ohne Vision ist wie ein Haus ohne Fundament: Es mag eine Zeit lang stehen, doch sobald der Boden sich bewegt, wird es instabil.

Eine echte gemeinsame Vision ist kein Kompromiss. Sie ist kein Mittelweg zwischen zwei Einzelvisionen, sondern ein neuer, dritter Weg, den beide mittragen können – weil er aus der Essenz beider Welten entsteht. Manchmal wird man dabei feststellen, dass die Visionen nicht kompatibel sind. Dass der eine nach schnellem Wachstum strebt, während der andere lieber organisch wachsen will. Dass der eine sich in fünf Jahren als CEO eines Unternehmens mit hundert Mitarbeitenden sieht, während der andere die Unabhängigkeit eines kleinen Teams bevorzugt. Diese Erkenntnisse sind unbequem – aber wertvoll. Denn sie ermöglichen es, Klarheit zu schaffen, bevor es zu spät ist.

Wer die gemeinsame Vision einmal gefunden hat, sollte sie nicht als abgeschlossen betrachten. Sie ist ein lebendiges Gebilde, das sich weiterentwickeln darf – aber nicht beliebig. Sie braucht Pflege, regelmässige Reflexion und manchmal auch eine bewusste Neuausrichtung. Einmal im Jahr innezuhalten und sich zu fragen: Sind wir noch auf dem Weg, den wir gemeinsam gehen wollten? Hat sich unsere Vision verändert – und wenn ja, warum? – das kann den Unterschied machen zwischen einer zerbrechlichen und einer resilienten Partnerschaft.

In Krisenzeiten zeigt sich der wahre Wert dieser Vision. Wenn Entscheidungen unter Druck getroffen werden müssen, wenn das Vertrauen auf die Probe gestellt wird, wenn Konflikte entstehen oder die Motivation schwindet – dann bietet eine starke Vision Orientierung. Sie erinnert daran, warum man überhaupt angefangen hat. Sie schützt vor kurzfristigem Denken und hilft, nicht aus Angst, sondern aus Überzeugung zu handeln.

Gleichzeitig ist eine geteilte Vision auch ein Magnet. Sie zieht die richtigen Menschen an – Mitarbeitende, Kunden, Partner –, weil sie eine klare Haltung vermittelt. Und sie wirkt nach innen stabilisierend, weil sie Sicherheit gibt. In einer Welt, die sich ständig verändert, brauchen Menschen nicht nur Strukturen, sondern Sinn. Und dieser Sinn entsteht nicht durch Strategiepapiere, sondern durch echte, gemeinsam entwickelte Visionen.

Wer mit einem Partner ein Unternehmen gründet, ohne über die gemeinsame Vision zu sprechen, handelt fahrlässig. Denn früher oder später wird jede Partnerschaft auf die Frage stossen: Wofür machen wir das hier eigentlich? Die richtige Zeit, diese Frage zu klären, ist nicht dann, wenn es brennt – sondern ganz am Anfang.

Und wenn man diese Frage gemeinsam beantworten kann, wenn sich die inneren Bilder decken, wenn aus zwei Vorstellungen eine wird, die grösser ist als beide – dann entsteht etwas Kostbares. Dann wird aus einem Geschäftsmodell eine Bewegung, aus einer Partnerschaft eine echte Kraft. Dann kann man nicht nur ein Unternehmen führen – sondern eine Idee zum Leben erwecken, die trägt, begeistert und über sich selbst hinauswächst.

Eine gemeinsame Vision ist kein Luxus. Sie ist der Anfang von allem.

Notizen:

Notizen:

Kapitel 3: Werte und Prinzipien – Übereinstimmung als Schlüssel

Zwei Menschen, die ein Unternehmen führen, teilen mehr als nur ein Büro, ein Logo oder eine gemeinsame Bilanz. Sie teilen Entscheidungen. Sie teilen Verantwortung. Und vor allem: Sie prägen gemeinsam, wie das Unternehmen in der Welt steht. Nicht nur was sie tun, sondern wie sie es tun – und genau hier kommen die Werte ins Spiel. Die gemeinsamen Werte und Prinzipien einer Partnerschaft sind nicht bloss eine angenehme Übereinstimmung – sie sind die stillen Architekten jeder Handlung, jedes Gesprächs, jeder Entscheidung.

Ein Unternehmen ist keine Maschine. Es ist ein lebendiger Organismus, gebaut aus Menschen, Entscheidungen, Kommunikation, Erwartungen und Emotionen. Und im Zentrum dieses Organismus stehen die Gründer oder Partner. Sie sind nicht nur die ersten Entscheidungsträger, sondern auch die ersten Kulturträger. Sie setzen mit ihrem Verhalten die Normen. Sie definieren durch ihr Vorleben, was im Unternehmen als richtig gilt – und was nicht. Das geschieht nicht auf Papier, sondern im täglichen Tun.

Und genau deshalb ist es so gefährlich, wenn Geschäftspartner nicht dieselben grundlegenden Werte teilen. Denn Werte sind nicht verhandelbar. Sie sind tief im Inneren eines Menschen verankert. Man kann über Prozesse diskutieren, über Strategien streiten, über Preise verhandeln – aber man kann keinen Menschen zu einem anderen Wertesystem überreden. Wenn einer Loyalität als obersten Wert sieht und der andere Flexibilität über alles stellt, dann werden sie früher oder später in einen Grundkonflikt geraten. Wenn einer absolute Transparenz lebt und der andere glaubt, dass es manchmal klüger ist, Dinge zurückzuhalten, dann wird das Vertrauen Risse bekommen.

Was so leicht übersehen wird: Werte steuern nicht nur, was man tut, sondern wie man fühlt. Sie sind der stille Filter, durch den wir jede Situation interpretieren. Wenn also zwei Geschäftspartner dieselbe Situation erleben – etwa ein schwieriges Gespräch mit einem Kunden oder eine Investitionsmöglichkeit – dann kann es passieren, dass der eine Begeisterung spürt und der andere Widerstand. Nicht, weil einer falsch liegt. Sondern weil sie durch unterschiedliche innere Brillen schauen. Und wenn diese Brillen nie besprochen wurden, wenn nie offengelegt wurde, durch welche Überzeugungen man sich im Leben bewegt, dann wird man sich irgendwann fremd. Nicht auf der Ebene der Fakten, sondern auf der viel tiefer liegenden Ebene des Wie und Warum.

Gerade deshalb ist es so wichtig, dass Partner – idealerweise bevor sie offiziell zusammenarbeiten – ein tiefgehendes Gespräch über ihre Werte führen. Es reicht nicht zu sagen: „Ich finde Ehrlichkeit wichtig." Das tut fast jeder. Die Frage ist: Was bedeutet Ehrlichkeit für dich konkret? Wie gehst du mit Fehlern um? Was ist für dich ein Versprechen? Wie viel Risiko ist für dich akzeptabel? Wie gehst du mit Geld um – persönlich und geschäftlich? Was bedeutet Fairness für dich? Und welche Prinzipien sind für dich so zentral, dass du sie auch in schwierigen Zeiten nicht verraten würdest?

Solche Gespräche können herausfordernd sein – aber sie sind unbezahlbar. Denn sie schaffen nicht nur Klarheit, sondern auch Nähe. Wenn ich weiss, was dich antreibt, was dich verletzt, was du erwartest und was du niemals akzeptieren würdest, dann kann ich mich auf dich verlassen. Dann weiss ich, woran ich bin – auch in Situationen, in denen wir nicht einer Meinung sind. Diese Verlässlichkeit ist das Gegenteil von Harmonie. Es geht nicht darum, immer einer Meinung zu sein. Es geht darum, einander so gut zu kennen, dass man auch in Differenz verbunden bleibt.

In erfolgreichen Partnerschaften sind Werte wie ein inneres Geländer. Man hält sich daran fest, wenn der Weg unklar ist. Sie bieten Orientierung in Momenten, in denen man auf Sicht fahren muss. Wenn das Geschäft gut läuft, wenn alles wächst, dann mag man diese Werte kaum bemerken. Sie wirken wie selbstverständlich. Doch wenn der Gegenwind stärker wird, wenn Druck von aussen kommt, wenn Geld knapp wird oder Entscheidungen besonders riskant sind – dann zeigt sich, welche Werte wirklich gelebt werden.

Ein Beispiel: Zwei Partner führen ein Unternehmen und haben die Möglichkeit, durch einen Deal mit einem grossen Kunden schnell zu wachsen. Der eine sieht die Chance, der andere hat ein schlechtes Bauchgefühl – weil dieser Kunde Bedingungen stellt, die moralisch fragwürdig sind. Wenn jetzt nicht klar ist, ob beide dieselbe Vorstellung von Integrität teilen, dann wird der Deal zum Bruchtest. Und schlimmer noch: Der Konflikt wird nicht auf sachlicher Ebene gelöst werden können, weil es kein sachliches Thema ist. Es ist ein Wertethema – und solche Konflikte lassen sich nicht „wegmoderieren“.

Andersherum gilt: Wenn zwei Partner dieselben Werte teilen, können sie selbst bei grossen Meinungsverschiedenheiten eine tiefe Verbundenheit spüren. Dann ist ein Streit keine Bedrohung, sondern ein Klärungsprozess. Dann wird Kritik nicht als Angriff empfunden, sondern als Ausdruck gemeinsamer Verantwortung. Dann ist Vertrauen keine Frage der Kontrolle, sondern der geteilten Prinzipien. In solchen Partnerschaften entsteht eine Atmosphäre, in der man sich gegenseitig nicht nur respektiert, sondern im besten Sinne gemeinsam wachsen kann – als Unternehmer und als Mensch.

Deshalb ist es nicht übertrieben zu sagen: Die Übereinstimmung der Werte entscheidet über das Überleben der Partnerschaft. Nicht im wirtschaftlichen, sondern im menschlichen Sinne. Denn wenn die Basis stimmt, wenn das unsichtbare Fundament aus gemeinsamen Überzeugungen stark ist, dann kann man auch auf schwierigen Böden bauen. Dann tragen Entscheidungen, auch wenn sie falsch waren. Dann übersteht man Krisen, auch wenn sie lange dauern. Dann findet man wieder zusammen, auch wenn man sich zwischendurch verliert.

Die Einladung dieses Kapitels lautet also: Sprich über das, worüber viele nicht sprechen. Rede nicht nur über Pläne, Zahlen und Strukturen – sondern über das, worauf all das aufbaut: über deine tiefsten Überzeugungen. Und höre deinem Partner wirklich zu. Nicht, um ihn zu analysieren oder zu bewerten, sondern um zu verstehen, was ihn innerlich trägt. Denn dort, in diesem Verständnis füreinander, beginnt die wahre Partnerschaft.

Eine gute Partnerschaft basiert nicht auf perfekten Lebensläufen oder sich ergänzenden Skills. Sie basiert auf dem Mut, einander ehrlich zu begegnen. Und auf dem Willen, ein gemeinsames Wertesystem zu leben – Tag für Tag, Entscheidung für Entscheidung, Erfolg für Erfolg. Denn nur wer im Innersten verbunden ist, kann im Äusseren kraftvoll wirken.

Notizen:

Notizen:

Kapitel 4: Vertrauen als unverzichtbare Grundlage

Wenn man den Kern einer funktionierenden geschäftlichen Partnerschaft auf einen einzigen Begriff reduzieren müsste, dann wäre es dieser: Vertrauen. Vertrauen ist das unsichtbare Fundament, auf dem alles ruht. Es ist die stille Kraft, die Entscheidungen ermöglicht, Geschwindigkeit erzeugt, Kreativität befreit und Konflikte überwindet. Es ist nicht einfach ein „gutes Gefühl" oder eine persönliche Vorliebe, sondern eine betriebswirtschaftlich relevante Ressource. Wo Vertrauen herrscht, fliesst Energie. Wo Misstrauen herrscht, fliesst Misstrauensenergie – und die ist teuer.

Vertrauen beginnt nicht mit grossen Versprechen, sondern mit kleinen Handlungen. Es entsteht in den Details: in der Art, wie jemand zuhört. In der Pünktlichkeit eines Anrufs. In der Transparenz eines Gedankens, den man eigentlich lieber für sich behalten würde. Vertrauen ist die Währung der Tiefe – und es wird nicht einmal, sondern täglich verdient. Das Besondere daran: Es kann nicht eingefordert werden. Man kann niemanden zwingen, einem zu vertrauen. Man kann es nur ermöglichen.

In einer geschäftlichen Partnerschaft entscheidet Vertrauen darüber, wie frei die Beteiligten agieren können. Wenn ich meinem Partner vertraue, dann muss ich nicht alles kontrollieren. Dann kann ich Verantwortung abgeben, ohne Angst zu haben. Dann kann ich Fehler machen, ohne befürchten zu müssen, dass mir daraus ein Strick gedreht wird. Vertrauen schafft Raum – und in diesem Raum kann Wachstum geschehen. Kein nachhaltiges Unternehmen ist je in einer Atmosphäre aus Kontrolle, Misstrauen und Absicherung entstanden. Solche Systeme mögen kurzfristig funktionieren, aber sie werden langfristig stagnieren. Denn wo kein Vertrauen ist, ist keine Beweglichkeit. Und wo keine Beweglichkeit ist, stirbt jede Unternehmung – früher oder später.

Viele Unternehmer verstehen Vertrauen als ein Produkt der Zeit. Sie glauben, man müsse sich erst über Jahre kennen, um einander zu vertrauen. Doch das ist ein Irrtum. Vertrauen ist nicht primär eine Funktion der Zeit – es ist eine Funktion der Offenheit. Zwei Menschen, die bereit sind, sich wirklich zu zeigen, können in wenigen Wochen ein tieferes Vertrauensverhältnis aufbauen als andere in Jahren. Entscheidend ist nicht die Länge der Beziehung, sondern die Tiefe der Begegnung. Wer bin ich wirklich – und zeige ich das auch?

Geschäftliche Partnerschaften scheitern oft, weil Vertrauen missverstanden wird. Viele glauben, es sei ein Bonus – eine Art zwischenmenschlicher Luxus, der schön ist, aber nicht unbedingt notwendig. Doch das Gegenteil ist der Fall. Vertrauen ist kein Sahnehäubchen, sondern das Mehl im Teig. Ohne Vertrauen mag man ein Unternehmen zusammenhalten, aber man wird es nie gemeinsam tragen. Denn wahres Vertrauen ist nicht die Abwesenheit von Angst, sondern das Wissen, dass Angst da sein darf – und geteilt werden kann.

Die Qualität einer Partnerschaft zeigt sich nicht in den guten Zeiten, sondern in den schwierigen. Wenn Geld fehlt. Wenn Kunden abspringen. Wenn eine Entscheidung schiefgeht. Wenn Kritik im Raum steht. Genau dann zeigt sich, ob die Beziehung getragen ist von echtem Vertrauen – oder nur von Zweckgemeinschaft. Wenn man in solchen Momenten nicht ehrlich sprechen kann, weil man Angst vor Verurteilung hat, dann ist das Fundament brüchig. Wenn man sich im Zweifel für die eigene Absicherung und gegen den Partner entscheidet, dann wird das Misstrauen irgendwann zur Realität. Vertrauen zerbricht selten in einem Moment. Es stirbt leise – in tausend kleinen Augenblicken der Zurückhaltung, der Absicherung, der inneren Distanz.

Und doch kann es auch wieder wachsen. Vertrauen ist kein statischer Zustand, sondern ein dynamischer Prozess. Es lebt von Kommunikation, von Korrektur, von Reue, von Wiedergutmachung. Niemand ist perfekt. Jeder macht Fehler. Aber wer den Mut hat, sich dazu zu bekennen, wer den anderen nicht blossstellt, sondern ihm die Hand reicht – der baut nicht nur Vertrauen auf, sondern Tiefe. Vertrauen wächst, wo Ehrlichkeit auf Mitgefühl trifft. Ein entscheidender Aspekt dabei ist die Transparenz. In einer partnerschaftlichen Beziehung ist es essenziell, die eigenen Gedanken, Gefühle und Beweggründe offen zu legen. Nicht, um sich rechtfertigen zu müssen – sondern um den anderen mitzunehmen. Wenn ich entscheide, etwas nicht zu sagen, weil ich denke, der andere könnte es nicht verstehen oder falsch aufnehmen, dann beginne ich, eine Mauer zu bauen. Und jede Mauer, so klein sie auch sein mag, ist ein Keim für Trennung.

Wer Vertrauen will, muss Vertrauen geben. Das klingt banal – ist aber in der Praxis oft der schwierigste Schritt. Denn Vertrauen geben heisst: Ich gehe ein Risiko ein. Ich öffne mich, ohne zu wissen, ob der andere das würdigt. Doch nur so entsteht ein echter Raum von Verbindung. Vertrauen ist immer ein Vorschuss. Es ist wie eine zarte Pflanze, die zuerst gegossen werden muss, bevor sie Wurzeln schlägt. Und ja – es kann sein, dass sie nicht angenommen wird. Dass sie verletzt wird. Aber das ist das Wesen von Vertrauen: Es ist nie garantiert. Gerade deshalb ist es so kostbar.

In einer starken Partnerschaft wird Vertrauen nicht bloss gewährt – es wird geschützt. Beide achten darauf, sich gegenseitig nicht zu überfordern, nicht blosszustellen, nicht übereinander hinwegzugehen. Es gibt ein stilles Einvernehmen, das sagt: Ich sehe dich. Ich nehme dich ernst. Ich halte dich in deiner Verantwortung, aber nicht in deinem Versagen. In einem solchen Klima kann nicht nur gearbeitet werden – in einem solchen Klima kann Neues entstehen. Kreativität. Innovation. Mut.

Vertrauen ist auch ökonomisch relevant. Denn jedes fehlende Vertrauen muss durch Strukturen ersetzt werden. Kontrolle, Absicherung, juristische Verträge, doppelte Berichtssysteme – all das ist nichts anderes als ein Ausdruck von Misstrauen. Natürlich braucht jede professionelle Beziehung eine rechtliche Grundlage. Aber wenn das Misstrauen beginnt, den Alltag zu durchdringen, dann verliert man Zeit, Energie und vor allem: den Fokus. Dann geht es nicht mehr darum, was man gemeinsam schaffen will – sondern nur noch darum, sich vor möglichen Fehlern zu schützen. Und das Tragische daran: Misstrauen erzeugt Misstrauen. Wenn ich spüre, dass mein Partner mir nicht vertraut, werde ich selbst vorsichtiger. Ich ziehe mich zurück, öffne mich weniger, teile weniger. Und so entsteht eine Dynamik, die sich selbst verstärkt – und irgendwann alles zerstört, was einst leicht war. Vertrauen hingegen erzeugt Vertrauen. Wenn ich spüre, dass ich sein darf, wer ich bin, dann traue ich mich, mehr zu geben. Ich werde mutiger, grosszügiger, klarer. Ich beginne zu fliegen – und nehme den anderen mit.

Das bedeutet nicht, dass man alles gutheissen oder Konflikte vermeiden sollte. Im Gegenteil. Vertrauen zeigt sich gerade darin, dass man auch schwierige Themen anspricht – aber auf eine Weise, die den anderen nicht zerstört. Es ist die Kunst, ehrlich zu sein und dabei verbunden zu bleiben. Kritik ohne Beziehung ist Angriff. Kritik im Vertrauen ist Wachstum.

Letztlich ist Vertrauen die Basis für alles, was eine Partnerschaft lebendig macht. Es ist der Boden, auf dem Entscheidungen Wurzeln schlagen, auf dem Ideen wachsen, auf dem Konflikte heilen können. Wer diesen Boden sorgfältig pflegt, wer ihn vor Gift schützt – durch Offenheit, Ehrlichkeit, Präsenz – der wird erleben, was wahre Partnerschaft bedeutet. Nicht nur im Geschäft. Sondern im Leben.

Denn eine gute Partnerschaft ist nicht das Ergebnis von Kontrolle, sondern von Vertrauen.

Notizen:

Kapitel 5: Kommunikation – Offen, ehrlich, regelmässig

Es gibt keinen stärkeren Hebel, keine wirksamere Kraft und keinen destruktiveren Sprengsatz in einer Partnerschaft als Kommunikation. Sie ist das Werkzeug, durch das alles fliesst – Ideen, Sorgen, Visionen, Kritik, Verständnis, Entlastung, Inspiration. Kommunikation ist nicht nur der Austausch von Informationen. Sie ist der Ausdruck innerer Welten. Und sie entscheidet darüber, ob zwei Menschen nebeneinander funktionieren – oder miteinander verbunden sind.

In der geschäftlichen Partnerschaft zeigt sich die Qualität der Kommunikation in jedem Detail. In der Art, wie man morgens in den Tag startet. In der Frage, ob man einander fragt, wie es dem anderen geht – wirklich geht. In der Bereitschaft, Gedanken nicht nur effizient, sondern auch ehrlich zu teilen. In der Fähigkeit, Dinge anzusprechen, bevor sie sich festsetzen. Kommunikation ist wie ein Fluss: Wenn er klar und offen fliesst, nährt er das Land. Wenn er gestaut wird, verdreckt er. Wenn er unterbrochen wird, stirbt alles, was auf ihn angewiesen ist.

Die meisten Partnerschaften scheitern nicht an Streit. Sie scheitern an der Abwesenheit von echtem Gespräch. An all den unausgesprochenen Dingen, die sich über Wochen, Monate oder Jahre ansammeln. An den kleinen Frustrationen, die man hinunterschluckt. An den Verletzungen, über die man hinweggeht, weil „gerade keine Zeit ist". An der Entfremdung, die nicht laut daherkommt, sondern leise. Schritt für Schritt. Wort für Wort – das nie gesagt wurde.

Offene Kommunikation braucht Mut. Denn sie bedeutet, sich zu zeigen – nicht nur mit Fakten, sondern mit Gefühlen, Unsicherheiten, Zweifeln. Sie verlangt, dass ich nicht nur sage, was ich denke, sondern warum ich es denke. Dass ich nicht nur reagiere, sondern mich mitteile. Dass ich nicht nur korrigiere, sondern verstehe. Und das ist weit schwieriger, als es klingt. Denn in der Hektik des Alltags, im Druck des Geschäfts, in der Konzentration auf das Aussen vergessen viele Partner das Innen. Sie vergessen, dass das Gespräch zwischen zwei Menschen nicht unter der Bilanz steht, aber über ihr entscheidet. Wer offen kommuniziert, entscheidet sich für Nähe. Nähe bedeutet nicht, dass man immer einig ist. Sie bedeutet, dass man einander erlaubt, wirklich da zu sein – auch mit Widerspruch, auch mit Unvollkommenheit. Nähe entsteht nicht durch ständige Zustimmung, sondern durch echtes Interesse. Und echtes Interesse drückt sich nicht in Fragen wie „Was hast du gemacht?“ aus, sondern in Fragen wie: „Was beschäftigt dich gerade? Was brauchst du von mir?“

Ehrliche Kommunikation braucht Sicherheit. Niemand öffnet sich dort, wo er befürchten muss, verurteilt oder übergangen zu werden. Wer will, dass sein Partner offen spricht, muss eine Atmosphäre schaffen, in der Offenheit nicht bestraft, sondern gewürdigt wird. In der ein Zweifel kein Affront, sondern ein Impuls ist. In der ein Nein nicht als Widerstand, sondern als Ausdruck von Klarheit verstanden wird. Diese Sicherheit ist kein Zufall. Sie entsteht durch Verhalten. Durch den Umgang mit dem ersten kritischen Satz, mit dem ersten Fehler, mit dem ersten unangenehmen Thema.

In vielen Partnerschaften entsteht eine subtile Dynamik der Vorsicht. Man spricht nur über das, was sachlich notwendig ist. Man schweigt über das, was emotional relevant wäre. Man tauscht sich aus – aber begegnet sich nicht mehr. Und dann geschieht etwas Unvermeidliches: Man beginnt, den anderen zu interpretieren. Man denkt: „Er ist so." Oder: „Sie versteht das sowieso nicht." Diese inneren Zuschreibungen sind gefährlich. Denn sie ersetzen echtes Gespräch durch innere Monologe. Und diese Monologe töten Beziehung.

Regelmässigkeit ist der dritte Schlüssel zur kommunikativen Tiefe. Es reicht nicht, in Krisenzeiten ein klärendes Gespräch zu führen. Kommunikation ist wie Atmen – sie muss kontinuierlich geschehen. Partnerschaften, die nur dann miteinander sprechen, wenn etwas schiefläuft, verlernen den natürlichen Austausch. Sie geraten in einen Reaktionsmodus. Und Reaktion ist nicht dasselbe wie Beziehung.

Starke Partnerschaften haben Rituale. Wöchentliche Gespräche, in denen nicht nur über Aufgaben, sondern über den Zustand der Partnerschaft gesprochen wird. Räume, in denen Feedback nicht als Bedrohung, sondern als Beitrag verstanden wird. Zeiten, in denen nicht geplant, sondern gefragt wird: Wie geht es dir mit mir? Mit uns? Was läuft gut – und was nicht? Solche Gespräche sind nicht „nice to have". Sie sind der Wartungsraum der Partnerschaft. Wer nie wartet, riskiert irgendwann den Totalschaden.

Und ja, es gibt Zeiten, in denen man sich nicht gut versteht. In denen man nebeneinander herläuft. In denen der eine sich verschliesst und der andere verzweifelt. Kommunikation bedeutet auch, diese Phasen auszuhalten – ohne sofort zu urteilen. Es bedeutet, Raum zu lassen, ohne sich zu entziehen. Präsenz zu zeigen, auch wenn keine Worte da sind. Denn manchmal ist das stärkste Gespräch das, das ohne Sprache stattfindet: ein Blick, ein stilles Einvernehmen, eine Hand auf der Schulter.

Die Wahrheit ist: Kommunikation in einer Partnerschaft ist immer auch Selbsterkenntnis. Wer nicht mit sich selbst ehrlich sprechen kann, wird es auch mit dem anderen nicht können. Wer seine Gefühle unterdrückt, wird andere dafür verantwortlich machen, dass er sich leer fühlt. Wer seine eigenen Grenzen nicht kennt, wird die Grenzen des anderen verletzen. Deshalb beginnt jede ehrliche Kommunikation mit der Frage: Bin ich bereit, mich wirklich zu zeigen – nicht nur, wie ich sein will, sondern wie ich bin?

Das Gespräch ist kein Werkzeug. Es ist ein Raum. Ein Raum, in dem Partnerschaft geschieht. Ein Raum, in dem Vertrauen wächst, Missverständnisse heilen, Nähe entsteht. Wer diesen Raum schützt – durch Präsenz, Aufmerksamkeit, Mut – der baut nicht nur eine starke Kommunikation auf. Sondern eine Beziehung, die trägt, auch wenn draussen der Sturm tobt. Denn am Ende ist es immer das Gespräch, das eine Partnerschaft zusammenhält – oder auseinanderfallen lässt. Und die Qualität dieses Gesprächs entscheidet darüber, ob man gemeinsam lebt – oder nur gemeinsam arbeitet.

Notizen:

Notizen:

Kapitel 6: Klarheit über Rollen und Verantwortlichkeiten

Ein Unternehmen ohne klar definierte Rollen ist wie ein Orchester ohne Dirigenten und Noten: Es mag Talent geben, sogar Leidenschaft – doch es fehlt an Struktur, an Orientierung, an Verlässlichkeit. In einer geschäftlichen Partnerschaft ist die klare Zuweisung von Verantwortlichkeiten kein bürokratischer Luxus, sondern eine existenzielle Notwendigkeit. Sie schafft Ordnung, ermöglicht Vertrauen und bewahrt die Partnerschaft davor, in einem Strudel aus Missverständnissen, Überforderung und stiller Enttäuschung zu versinken.

Denn was anfangs oft als lebendige Flexibilität empfunden wird – „Wir machen alles gemeinsam" –, wird mit zunehmender Unternehmensgrösse zur Falle. Ohne definierte Zuständigkeiten entsteht ungewollt ein Vakuum, das gefüllt werden will. Aufgaben werden doppelt gemacht – oder gar nicht. Entscheidungen werden verzögert – oder voreilig getroffen. Vor allem aber beginnen sich die Partner innerlich voneinander zu entfernen, sobald Unklarheit darüber herrscht, wer eigentlich wofür zuständig ist – und wer nicht.

Besonders brisant wird es dann, wenn einer der beiden Partner auf natürliche oder unbewusste Weise dominanter ist als der andere. Dominanz ist dabei nicht automatisch negativ. In vielen Konstellationen bringt der dominante Partner mehr unternehmerische Erfahrung mit, mehr Klarheit, mehr Entscheidungsfreude. Er geht voran, setzt Impulse, hält das Tempo. Und gerade zu Beginn eines Unternehmens kann diese Dominanz einen positiven Effekt haben: Sie gibt Richtung, Sicherheit, Struktur.

Doch Dominanz ist ein zweischneidiges Schwert. Denn wenn sie unreflektiert bleibt, wenn sie nicht bewusst kommuniziert und eingeordnet wird, beginnt sie zu wirken – nicht als Führung, sondern als Übergriff. Der leisere Partner zieht sich zurück, gibt still Aufgaben ab, passt sich an nicht, weil er nicht will, sondern weil er spürt, dass sein Raum besetzt ist. Und irgendwann entsteht ein inneres Ungleichgewicht, das selten offen angesprochen wird, aber die Partnerschaft vergiftet. Hier wird Rollenklärung zu einem Akt der Emanzipation – im besten Sinne. Es geht nicht darum, die Dominanz zu bekämpfen, sondern sie zu benennen. Klar zu sagen: „Du gehst oft einen Schritt voran – das kann ein Vorteil sein. Aber wir müssen bewusst festlegen, wann du führst und wann ich Raum bekomme.“ In starken Partnerschaften wird Dominanz nicht unterdrückt, sondern kanalisiert. Sie wird nicht bewertet, sondern ausbalanciert – durch Struktur, durch bewusste Entscheidung, durch gegenseitigen Respekt.

Die unausgesprochene Machtverteilung ist oft das gefährlichste Element in einer Partnerschaft. Denn sie wirkt im Hintergrund, verändert die Dynamik – aber niemand spricht darüber. Der dominante Partner fühlt sich oft nicht dominant, sondern nur „verantwortlich“. Der andere fühlt sich nicht verdrängt, sondern „nicht wichtig genug“. Und genau in dieser Sprachlosigkeit entsteht die Trennung. Wer jedoch den Mut hat, Macht offen anzusprechen, gewinnt Freiheit. Denn dann kann man definieren, was Führungsverantwortung bedeutet – und was nicht. Dann kann man Rollen so aufteilen, dass beide sich gesehen fühlen – auch wenn einer öfter im Rampenlicht steht.

Klarheit bedeutet hier: Wer trifft welche Entscheidungen? Wer hat in welchem Bereich das letzte Wort – und warum? Wo beginnt die Autonomie des einen, wo endet die Verantwortung des anderen? Solche Fragen wirken auf den ersten Blick abstrakt – doch sie sind zutiefst persönlich. Denn sie berühren das Bedürfnis nach Wirksamkeit, nach Zugehörigkeit, nach Gerechtigkeit. Niemand will in einer Partnerschaft nur „aushelfen". Jeder will seinen Platz haben – und wissen, dass dieser Platz zählt.

Diese Struktur muss nicht starr sein. Rollen dürfen sich verändern, wachsen, verschieben. Aber diese Veränderung muss bewusst geschehen – nicht zufällig, nicht durch Übernahme, nicht durch Rückzug. In regelmässigen Gesprächen sollte die Rollenverteilung überprüft werden: Stimmt sie noch mit unseren Fähigkeiten, unserem Energielevel, unseren Zielen überein? Gibt es Bereiche, in denen einer von uns zu viel trägt – oder zu wenig Verantwortung bekommt? Insbesondere in Konstellationen, in denen einer der Partner dominanter ist, braucht es Sensibilität für Gleichgewicht. Denn eine Partnerschaft ist kein Königreich. Es geht nicht darum, dass einer herrscht und der andere folgt. Es geht darum, dass beide führen – in ihrer Weise, in ihrem Bereich, mit ihrem Wesen. Das verlangt vom dominanteren Partner Zurückhaltung, bewusste Einladung, echtes Zuhören. Und vom leiseren Partner Mut zur Klarheit, zur Forderung, zur Positionierung.

Wahre Gleichwürdigkeit entsteht nicht durch Gleichmacherei, sondern durch gegenseitige Anerkennung der Unterschiedlichkeit. Jeder darf anders sein – aber keiner darf sich über den anderen stellen. Wenn diese Balance gelingt, wird Dominanz zu Führungskraft – und Zurückhaltung zu Tiefe. Dann ergänzen sich die Partner nicht nur fachlich, sondern menschlich.

Rollenklärung schützt nicht nur das Unternehmen, sondern die Beziehung. Sie entlastet. Sie verhindert verdeckte Konkurrenz. Sie verhindert stille Vorwürfe. Sie sorgt dafür, dass jeder sich entfalten kann, ohne den anderen zu überstrahlen oder zu erdrücken. Sie ist keine Absicherung – sie ist ein Akt von Würde.

Und am Ende ist genau das der Kern einer gesunden geschäftlichen Partnerschaft: Dass beide sich gesehen fühlen – in ihrer Kraft, in ihrer Eigenart, in ihrer Verantwortung. Dass der Raum nicht durch Lautstärke, sondern durch Vereinbarung gefüllt wird. Und dass Klarheit nicht als Kontrolle, sondern als Freiheit erlebt wird.

Denn dort, wo Klarheit herrscht, entsteht Raum. Und in diesem Raum kann etwas wachsen, das mehr ist als ein erfolgreiches Unternehmen – nämlich eine Partnerschaft, die trägt, die nährt und die bleibt. Wenn du bereit ist, folgt jetzt Kapitel 7: Gemeinsame Ziele definieren und verfolgen – wieder mit

Notizen:

Notizen:

Kapitel 7: Gemeinsame Ziele definieren und verfolgen

Ein Unternehmen ohne klare Ziele gleicht einem Schiff ohne Kurs. Es mag sich bewegen, es mag Energie erzeugen, es mag sogar vorübergehend Eindruck machen – aber es wird nirgendwo wirklich ankommen. Und wenn zwei Menschen gemeinsam am Steuer stehen, aber in unterschiedliche Richtungen denken, fühlen oder streben, dann ist der Schiffbruch nur eine Frage der Zeit. In einer geschäftlichen Partnerschaft sind gemeinsame Ziele weit mehr als operative Meilensteine. Sie sind Ausdruck einer inneren Einigung. Sie geben Richtung, Sinn und Tiefe. Und sie schützen die Beziehung vor dem, was so oft leise beginnt: das Auseinanderdriften.

Ziele sind nicht einfach Zahlen auf einem Flipchart oder KPIs in einem Reporting-Tool. Sie sind konzentrierte Energie. Sie bündeln den Fokus, sie organisieren Aufmerksamkeit, sie motivieren und legitimieren Entscheidungen. Doch ihre Kraft entfalten sie nur, wenn sie gemeinsam getragen werden. Und genau hier liegt die grösste Herausforderung. Denn zwei Menschen, selbst wenn sie sich schätzen, sich verstehen und gemeinsam gegründet haben, tragen in sich unterschiedliche Bilder von Zukunft, Erfolg, Tempo und Bedeutung. Diese Unterschiede sind nicht das Problem – sie sind sogar ein Schatz. Aber nur dann, wenn sie bewusst gemacht und integriert werden.

Der erste Schritt zur Zielklärung ist also nicht das Formulieren, sondern das Zuhören. Wer gemeinsam Ziele definieren will, muss bereit sein, die Welt des anderen wirklich zu betreten. Nicht nur oberflächlich, sondern tief. Was bedeutet für dich „Erfolg“? Was willst du erreichen – nicht nur mit dem Unternehmen, sondern mit deinem Leben durch dieses Unternehmen? Wie viel

Wachstum brauchst du, um dich erfüllt zu fühlen? Was möchtest du in fünf, zehn, zwanzig Jahren rückblickend über diese Zeit sagen können?

Diese Fragen sind nicht operativ – sie sind existenziell. Und sie sind unbequem. Denn sie zwingen zur Auseinandersetzung mit der eigenen Wahrheit. Viele Menschen wissen erstaunlich wenig über ihre wahren Ziele. Sie übernehmen die Vorstellungen anderer. Sie verfolgen das, was „man" eben erreichen sollte. Sie wollen mehr Umsatz, mehr Kunden, mehr Sichtbarkeit – aber warum eigentlich? Was ist das Bild, das wirklich innerlich zieht?

In der Partnerschaft kommt eine zweite Ebene hinzu: die des Abgleichs. Was passiert, wenn der eine, eine internationale Expansion anstrebt, während der andere sich ein stabiles, unabhängiges Familienunternehmen wünscht? Was, wenn einer möglichst schnell verkaufen will, während der andere von einer langjährigen Führungsrolle träumt? Was, wenn einer permanent in Bewegung bleiben muss, um sich lebendig zu fühlen, während der andere Stabilität und Planbarkeit sucht? Diese Unterschiede sind keine Katastrophe – sie sind ein Weckruf. Denn sie zwingen beide, sich ehrlich zu machen. Und sie eröffnen die Möglichkeit, Ziele zu finden, die grösser sind als individuelle Präferenzen.

Wirklich gemeinsame Ziele entstehen nicht durch Kompromisse – sondern durch kreative Integration. Der Kompromiss ist ein Mittelweg, in dem oft keiner ganz glücklich ist. Integration aber bedeutet, aus zwei Perspektiven eine dritte zu erschaffen, die beide beinhaltet, aber über sie hinausgeht. Das gelingt nur, wenn beide Partner bereit sind, ihre Motive offenzulegen – auch die, die nicht glänzen. Denn hinter vielen Zielen stecken Ängste, Sehnsüchte, Prägungen. Wer zum Beispiel das Unternehmen unbedingt schnell wachsen lassen will, weil er sich sonst nicht wertvoll fühlt, verfolgt kein echtes Ziel – sondern einen inneren Ausgleich. Wenn solche inneren Beweggründe unbewusst bleiben, werden sie zur unsichtbaren Sprengladung. Denn dann werden Entscheidungen emotional aufgeladen, obwohl sie rational begründet erscheinen.

Deshalb braucht es den Mut, in der Zielklärung nicht nur über das Was, sondern über das Warum zu sprechen. Warum wollen wir dieses Unternehmen wachsen sehen? Warum streben wir nach Unabhängigkeit, nach Marktführerschaft, nach Innovationsführerschaft – oder eben nicht? Was würde passieren, wenn wir dieses Ziel nicht erreichen? Wer wären wir dann? Diese Fragen führen in die Tiefe. Und nur dort können wirklich tragfähige Ziele entstehen.

Hat man diese Tiefe erreicht, beginnt die zweite Phase: das Formulieren. Ziele müssen greifbar sein. Sie brauchen eine Form, eine Sprache, eine Verbindlichkeit. Nicht im Sinne einer festen Zahl, sondern als klares Commitment. Sie dürfen ambitioniert sein, sogar kühn – aber sie müssen auf ehrlicher Einsicht beruhen. Ein Ziel, das nur aus Druck geboren ist, wird zu einem Gefängnis. Ein Ziel, das aus innerer Stimmigkeit geboren ist, wird zu einer Quelle von Kraft.

In dieser Phase ist es hilfreich, Ziele in unterschiedliche Zeitebenen zu gliedern: kurzfristige operative Ziele, mittelfristige Entwicklungsziele, langfristige Visionen. Diese Ebenen müssen miteinander in Einklang gebracht werden. Es bringt nichts, von einer menschenzentrierten Unternehmenskultur zu träumen und gleichzeitig kurzfristig Entscheidungen zu treffen, die genau diese Kultur beschädigen. Konsistenz ist der Prüfstein jeder Zielarbeit.

Doch selbst die besten Ziele nützen nichts, wenn sie nicht verfolgt werden. Und genau hier unterscheidet sich eine gute Partnerschaft von einer losen Kooperation. Ziele brauchen Verfolgung – aber nicht in Form von Kontrolle, sondern in Form von geteiltem Engagement. Wer gemeinsam ein Ziel verfolgt, bleibt in Kontakt. Er fragt nach, bietet Hilfe an, übernimmt Verantwortung. Es entsteht ein Rhythmus, eine gemeinsame Energie. Das Ziel lebt im Alltag – nicht als Poster an der Wand, sondern als Teil des Denkens, Entscheidens und Handelns.

Besonders wichtig ist dabei die regelmässige Reflexion: Wo stehen wir? Was hat funktioniert? Wo sind wir abgekommen? Ist das Ziel noch aktuell? Müssen wir es anpassen – oder sind wir ihm nur ausgewichen? Diese Reflexion braucht Ehrlichkeit – und die Fähigkeit, Fehler nicht als Versagen, sondern als Feedback zu betrachten. Ziele sind keine Götzen, sie dürfen sich verändern. Aber diese Veränderung muss bewusst vollzogen werden – nicht aus Bequemlichkeit, sondern aus Erkenntnis. In einer geschäftlichen Partnerschaft ist die Zielarbeit zugleich Beziehungspflege. Denn jedes Ziel, das gemeinsam entwickelt, formuliert und verfolgt wird, stärkt die Verbindung. Es ist ein Zeichen dafür, dass man zusammen denkt, zusammen fühlt, zusammen handelt. Und wenn diese Einheit gelingt, entsteht etwas Erstaunliches: Das Ziel wird nicht mehr als Druck empfunden, sondern als Einladung. Nicht mehr als Muss, sondern als Möglichkeit. Nicht mehr als Last, sondern als Richtung.

Und am Ende ist es genau das, was eine gute Partnerschaft auszeichnet: Dass zwei Menschen, mit all ihren Unterschieden, mit all ihren Eigenheiten, mit all ihren Geschichten, sich auf ein gemeinsames Ziel ausrichten – nicht weil sie müssen, sondern weil sie es wollen. Weil sie spüren: In dieser Richtung liegt nicht nur unternehmerischer Erfolg, sondern auch persönliche Erfüllung.

Denn ein Ziel ist nicht nur ein Punkt in der Zukunft. Es ist ein Wegweiser in die gemeinsame Gegenwart.

Notizen:

Notizen:

Kapitel 8: Emotionale Intelligenz im unternehmerischen Miteinander – Die unsichtbare Kraft

In der Welt des Unternehmertums sprechen wir gern von Strategien, Strukturen, Plänen, Wachstumszahlen. Wir analysieren Märkte, bauen Geschäftsmodelle, denken in Quartalen, Zielen und KPIs. Und doch liegt hinter allem ein Element, das selten offen benannt, aber stets wirksam ist – besonders in einer engen Partnerschaft: die emotionale Intelligenz. Sie ist die leise Kraft, die bestimmt, ob zwei Geschäftspartner in Verbindung bleiben – oder sich verlieren, obwohl sie scheinbar an demselben arbeiten.

Emotionale Intelligenz ist weit mehr als ein „weiches" Thema. Sie ist eine Form von Bewusstsein – für sich selbst und für den anderen. Sie entscheidet darüber, wie Konflikte entstehen und gelöst werden, wie Nähe aufgebaut oder verhindert wird, wie Vertrauen wächst oder zerbricht. In einer geschäftlichen Partnerschaft, in der zwei Menschen über Monate und Jahre hinweg miteinander Entscheidungen treffen, Risiken eingehen, Rückschläge erleben und Erfolge feiern, ist emotionale Intelligenz kein Zusatz – sie ist das Fundament.

Der erste Aspekt emotionaler Intelligenz ist die Selbstwahrnehmung. Wer sich selbst nicht spürt, wer seine eigenen Emotionen nicht benennen, einordnen und regulieren kann, wird in schwierigen Situationen entweder in impulsives Verhalten verfallen oder sich komplett verschliessen. Beide Reaktionen sind Gift für eine Partnerschaft. Denn sie machen es dem anderen unmöglich, dich zu erreichen. Emotionale Intelligenz bedeutet nicht, keine Emotionen zu haben – im Gegenteil. Sie bedeutet, sie zu erkennen, zu verstehen und konstruktiv zu nutzen.

Wenn ich in einem Gespräch mit meinem Geschäftspartner merke, dass ich plötzlich gereizt bin, dass ich innerlich in den Widerstand gehe, dass ich anfange, ihn zu bekämpfen, statt zuzuhören – dann ist das kein Zeichen von Schwäche. Es ist ein Moment der Chance. Wenn ich innehalte, ehrlich hinschaue und frage: Was passiert hier gerade in mir? Warum reagiere ich so stark? Was hat das wirklich mit meinem Partner zu tun – und was vielleicht mit mir selbst?, dann betrete ich den Raum der Selbstverantwortung. Und genau dort beginnt emotionale Reife.

Der zweite Aspekt ist die Empathie – die Fähigkeit, den anderen in seinem emotionalen Erleben wahrzunehmen, ohne ihn zu bewerten. Nicht: „Du übertreibst gerade." Sondern: „Ich merke, dass dich das bewegt." Empathie ist nicht das Mitfühlen im Sinne von Mitleid, sondern das Mitsehen. Ich sehe deine Welt – aus deinem Blickwinkel. Ich erkenne deine Bedürfnisse, auch wenn du sie vielleicht nicht klar aussprichst. Ich höre nicht nur, was du sagst, sondern was du meinst. Diese Art der Aufmerksamkeit verändert Beziehungen. Sie schafft ein Klima der Offenheit, in dem auch heikle Themen angesprochen werden können – ohne Angst vor Angriff oder Rückzug.

In vielen geschäftlichen Partnerschaften fehlt genau diese Form der Empathie. Man funktioniert nebeneinander, spricht über Aufgaben, plant Strategien – aber innerlich ist jeder mit sich selbst beschäftigt. Die Folge ist eine stille Entfremdung. Man fühlt sich nicht mehr gesehen, nicht mehr verstanden, nicht mehr in Beziehung. Und irgendwann beginnt man, Dinge zu denken wie: Er nimmt mich nicht ernst. Sie hört mir nicht mehr zu. Ich muss mich zurückziehen, sonst gehe ich unter. Diese inneren Sätze entstehen nicht aus dem Nichts. Sie sind das Echo eines emotional unaufmerksamen Miteinanders.

Doch emotionale Intelligenz ist lernbar. Sie ist keine angeborene Fähigkeit, sondern eine Entscheidung. Die Entscheidung, nicht nur recht haben zu wollen, sondern den anderen verstehen zu wollen. Die Entscheidung, nicht nur die eigene Perspektive durchzusetzen, sondern gemeinsam zu wachsen. Diese Haltung verändert nicht nur das Gesprächsklima – sie verändert die Substanz der Partnerschaft.

Ein besonders sensibles Feld ist der Umgang mit emotionalen Verletzungen. In jeder Partnerschaft – ob privat oder geschäftlich – wird es Momente geben, in denen einer den anderen verletzt. Oft unbeabsichtigt, manchmal aus Überforderung, manchmal auch durch blosse Unachtsamkeit. Emotionale Intelligenz zeigt sich nicht darin, keine Fehler zu machen. Sie zeigt sich darin, wie man mit Fehlern umgeht. Bin ich in der Lage, einen verletzenden Satz zu erkennen und mich dafür zu entschuldigen? Kann ich Verantwortung übernehmen, ohne mich zu verteidigen? Und: Bin ich bereit, meinem Partner zu vergeben, wenn ich spüre, dass seine Reue aufrichtig ist?

Vergebung ist ein zentraler Teil jeder langlebigen Partnerschaft. Nicht aus moralischen Gründen – sondern aus psychologischer Notwendigkeit. Ohne Vergebung staut sich Groll. Und Groll ist das Gift, das jede Beziehung langsam zersetzt. Er macht uns hart, misstrauisch, ironisch. Er verhindert Nähe. Wer nicht vergeben kann, bleibt im inneren Abstand. Doch echte Vergebung setzt eine tiefe Reife voraus: Die Fähigkeit, den Menschen hinter dem Verhalten zu sehen. Zu erkennen: Auch mein Partner ist ein fühlendes Wesen, mit Unsicherheiten, Hoffnungen, Schatten. Er ist nicht nur Unternehmer – er ist Mensch.

In einer starken Partnerschaft wird emotionale Intelligenz zur gemeinsamen Praxis. Man beobachtet sich selbst, ohne sich zu verurteilen. Man beobachtet den anderen, ohne ihn zu kontrollieren. Man spricht über Gefühle – nicht als Schwäche, sondern als Ausdruck von Wahrhaftigkeit. Man erkennt: Wenn ich wütend bin, will ich vielleicht eigentlich nur gehört werden. Oder: Wenn du dich zurückziehst, brauchst du vielleicht Raum – und keine Kontrolle.

Emotionale Intelligenz ist auch der Schlüssel für gemeinsame Entscheidungsprozesse. Denn die meisten Entscheidungen sind nicht rein rational. Sie sind eingebettet in Bedürfnisse, Ängste, Hoffnungen. Wenn der eine ständig schneller entscheidet als der andere, ohne dessen innere Geschwindigkeit zu respektieren, entsteht Frustration. Wenn der andere permanent bremst, weil er Angst vor Veränderung hat, ohne darüber zu sprechen, entsteht Widerstand. Emotionale Intelligenz bedeutet, diese Dynamiken zu erkennen – und darüber zu sprechen, bevor sie zur Gewohnheit werden.

Ein Unternehmen, das von emotional intelligenter Führung geprägt ist, wirkt anders. Es hat eine andere Energie. Es ist geprägt von Klarheit, von Respekt, von Tiefe. Entscheidungen werden bewusster getroffen, Konflikte werden offener gelöst, Menschen fühlen sich sicherer. Diese Kultur beginnt nicht im Team – sie beginnt ganz oben. In der Beziehung der Partner. Wenn dort emotionale Intelligenz gelebt wird, strahlt sie aus. Wenn sie fehlt, bleibt alles Fassade.

Die Einladung dieses Kapitels lautet: Beginnt euch wirklich zu sehen. Nicht nur als Rollen, als Funktionen, als Leistungsträger. Sondern als Menschen. Sprecht über das, was euch bewegt – auch wenn es nicht in ein Protokoll passt. Fragt nicht nur: „Was steht an?“ Fragt auch: „Wie geht es dir wirklich?“ Hört nicht nur auf Worte – hört auf das, was dahinter liegt. Und habt den Mut, eure eigene Innenwelt mitzuteilen – nicht perfekt, nicht poliert, sondern echt.

Denn am Ende ist genau das die grösste Kraftquelle einer Partnerschaft: die Fähigkeit, gemeinsam menschlich zu bleiben – in einer Welt, die allzu oft nur auf Ergebnisse schaut.

Notizen:

Notizen:

Kapitel 9: Konfliktfähigkeit statt Harmoniezwang – Wie man gemeinsam durch Spannung wächst

Viele Partnerschaften beginnen mit einem Gefühl von Harmonie. Man ist sich einig, spürt Begeisterung, freut sich über Gemeinsamkeiten. Es scheint, als hätte man den perfekten Partner gefunden – endlich jemand, mit dem alles leicht ist. Diese Phase ist kostbar. Sie schenkt Vertrauen, Energie, Nähe. Doch sie ist nicht von Dauer. Und sie darf es auch nicht sein. Denn wenn zwei Menschen über längere Zeit hinweg intensiv zusammenarbeiten, wenn sie gemeinsam grosse Entscheidungen treffen, Risiken tragen, Herausforderungen bewältigen und unternehmerische Verantwortung teilen, dann sind Konflikte nicht nur unvermeidlich – sie sind notwendig.

Der Unterschied zwischen einer unreifen und einer reifen Partnerschaft besteht nicht darin, ob es Konflikte gibt. Es besteht darin, ob diese Konflikte verdrängt oder durchlebt werden. Ob sie als Bedrohung gesehen werden – oder als Einladung zum Wachstum.

Der Wunsch nach Harmonie ist tief menschlich. Niemand möchte sich dauerhaft streiten, in Konfrontation leben oder in Spannungen arbeiten. Doch genau dieser Wunsch wird in vielen Partnerschaften zur stillen Falle. Er sorgt dafür, dass Dinge nicht angesprochen werden, obwohl sie innerlich gären. Dass man schweigt, obwohl man spürt, dass etwas nicht stimmt. Dass man Zustimmung signalisiert, obwohl man anderer Meinung ist. Dieser Harmoniezwang ist trügerisch. Denn er erzeugt keine echte Verbindung, sondern ein fragiles Schweigen. Und dieses Schweigen ist gefährlich.

Wenn ein Gedanke, ein Gefühl, ein Zweifel nicht ausgesprochen wird, verschwindet er nicht. Er zieht sich zurück. Er gräbt sich ein. Und er taucht wieder auf – in Form von Distanz, Frustration, Zynismus. Die Beziehung verliert ihre Lebendigkeit. Was einst offen war, wird vorsichtig. Was einst kraftvoll war, wird defensiv. Man lebt nebeneinander her – und spürt nicht mehr, was den anderen bewegt. Deshalb ist Konfliktfähigkeit keine Kompetenz für Notfälle – sie ist ein alltäglicher Bestandteil gesunder Beziehungen. Sie bedeutet: Ich bin bereit, Spannungen auszuhalten. Ich bin bereit, dich mit einer unbequemen Wahrheit zu konfrontieren. Ich bin bereit, mich verletzlich zu zeigen, ohne zu wissen, wie du reagierst. Konfliktfähigkeit ist ein Ausdruck von Reife – nicht von Härte. Sie entsteht nicht durch Lautstärke, sondern durch den Willen zur Echtheit.

Ein konfliktfähiger Mensch nimmt die Spannung wahr – und geht nicht weg. Er spricht sie an, aber nicht aus Angriff, sondern aus Verantwortung. Er will den anderen nicht besiegen, sondern verstehen. Er sucht nicht Recht, sondern Klärung. Das verlangt Mut. Denn Konflikte öffnen den Raum für Unsicherheit. Man weiss nicht, wie das Gegenüber reagiert. Vielleicht wird es laut. Vielleicht zieht es sich zurück. Vielleicht verletzt es. Und doch: Wer Konflikte meidet, um die Beziehung zu schützen, zerstört sie langfristig – von innen heraus.

In einer geschäftlichen Partnerschaft potenzieren sich die Auswirkungen ungelöster Konflikte. Denn sie wirken nicht nur zwischen den Beteiligten, sondern strahlen aus: auf Entscheidungen, auf das Team, auf Kunden, auf die Kultur des Unternehmens. Ein nicht angesprochener Konflikt zwischen zwei Partnern kann unbewusst das ganze Unternehmen lähmen. Mitarbeiter spüren die Spannung – auch wenn niemand darüber spricht. Entscheidungen werden verzögert oder vorsichtiger getroffen. Vertrauen schwindet – nicht nur zwischen den Partnern, sondern auch im gesamten System.

Deshalb ist es entscheidend, dass Konflikte als das erkannt werden, was sie sind: eine Chance. Eine Chance, mehr über sich selbst zu lernen. Eine Chance, den anderen tiefer zu verstehen. Eine Chance, die Beziehung auf ein neues Fundament zu stellen. Denn jeder Konflikt enthält eine Botschaft. Eine verborgene Wahrheit, die gehört werden will. Eine Grenze, die verletzt wurde. Ein Bedürfnis, das übergangen wurde. Wer diese Botschaften ignoriert, verliert nicht nur die Chance auf Entwicklung – sondern auch den Kontakt zum anderen.

Ein reifer Umgang mit Konflikten beginnt mit Selbstverantwortung. Es geht nicht darum, den anderen zu beschuldigen – sondern zu erkennen, was in einem selbst berührt wurde. Was genau hat mich verletzt, gestört, irritiert? Warum reagiere ich so stark? Was will ich wirklich? Hinter jedem Vorwurf steckt ein unerfülltes Bedürfnis. Wer das erkennt, kann aus dem Angriffsmodus in den Dialog treten.

Der zweite Schritt ist Transparenz. Konfliktfähigkeit heisst: Ich traue mich, Dinge anzusprechen – früh, klar und respektvoll. Nicht im Affekt, nicht im Überdruss, sondern im Bewusstsein meiner Verantwortung für die Beziehung. Ich sage: „Da ist etwas, das mir auf dem Herzen liegt." Oder: „Ich habe eine Grenze gespürt." Oder: „Ich fühle mich nicht mehr gesehen." Solche Sätze wirken stärker als jede Analyse – weil sie ehrlich sind.

Der dritte Schritt ist Zuhören. Wirklich zuhören. Nicht mit der Absicht, zu antworten – sondern mit der Absicht, zu verstehen. Was bewegt den anderen? Was liegt unter seiner Reaktion? Welche

Angst, welches Bedürfnis, welche Geschichte? Zuhören bedeutet, die eigene Deutung für einen Moment beiseitezulegen – und den anderen in seinem Erleben ernst zu nehmen. Nicht um sich selbst aufzugeben, sondern um die Verbindung zu wahren.

Und schliesslich braucht es die Bereitschaft zur gemeinsamen Veränderung. Jeder Konflikt ruft nach Entwicklung. Er zeigt einen Punkt, an dem die bisherige Form der Zusammenarbeit an ihre Grenze gekommen ist. Vielleicht braucht es neue Regeln, neue Absprachen, neue Rollen. Vielleicht muss etwas ausgesprochen werden, das lange vermieden wurde. Vielleicht muss eine tiefe Wahrheit akzeptiert werden: Dass etwas nicht mehr passt – oder dass etwas endlich geheilt werden darf.

In der Tiefe jeder Partnerschaft liegt ein Versprechen: Ich bleibe in Beziehung, auch wenn es schwierig wird. Dieses Versprechen wird nicht durch gute Zeiten bestätigt, sondern durch das gemeinsame Durchschreiten von Spannungen. Wenn zwei Partner gelernt haben, einander auch im Konflikt zu halten, sich nicht zu verlieren, nicht zu entwerten, nicht auszuweichen – dann entsteht Vertrauen auf einer neuen Ebene. Dann wird aus einer guten Zusammenarbeit eine tragfähige Partnerschaft. Konfliktfähigkeit ist keine Technik – sie ist eine Haltung. Die Haltung, dass Wahrheit wichtiger ist als Bequemlichkeit. Dass Verbindung wichtiger ist als Kontrolle. Dass Entwicklung wichtiger ist als Recht haben.

Und in dieser Haltung liegt die Kraft, aus jedem Streit eine Brücke zu bauen – zu mehr Tiefe, zu mehr Klarheit, zu mehr wahrhaftiger Zusammenarbeit.

Denn Harmonie ist nicht die Abwesenheit von Konflikt. Sie ist das Ergebnis gelebter Ehrlichkeit.

Notizen:

Notizen:

Kapitel 10: Entscheidungsprozesse strukturieren – Gemeinsam entscheiden, ohne sich zu verlieren

In einem Unternehmen ist der Alltag durchzogen von Entscheidungen – mal klein, mal gewaltig. Die Frage, welches Logo verwendet wird, kann genauso viel Spannung erzeugen wie die Entscheidung, ob man Investoren an Bord holt, neue Märkte erschliesst oder Menschen einstellt, entlässt oder befördert. Entscheidungen sind der Taktgeber jedes Unternehmens. Sie formen nicht nur die Strategie, sondern die Unternehmenskultur, die Atmosphäre, den Energiefluss. Und in einer Partnerschaft, in der zwei gleichberechtigte Menschen gemeinsam ein Unternehmen führen, sind Entscheidungen nicht nur sachlich – sie sind auch emotional.

Deshalb lautet eine der zentralen Fragen jeder geschäftlichen Partnerschaft: Wie treffen wir Entscheidungen – gemeinsam?

Was zunächst banal klingt, entpuppt sich in der Praxis als hochkomplex. Denn Entscheidungen sind nie nur logisch. Sie sind durchzogen von Prägungen, Ängsten, Werten, Dynamiken. Der eine entscheidet schnell, der andere überlegt lange. Der eine denkt visionär, der andere absichernd. Der eine will durchziehen, der andere will abstimmen. Und plötzlich steht nicht nur eine Entscheidung im Raum – sondern ein Machtspiel, ein Beziehungsthema, ein emotionales Unwetter.

Das Problem: Viele Partnerschaften klären nie explizit, wie sie entscheiden wollen. Es entsteht eine implizite Gewohnheit – oft geprägt vom dominanteren oder lauteren Teil. Entscheidungen werden getroffen, diskutiert, revidiert, improvisiert. Und weil das am

Anfang oft noch funktioniert, entsteht die Illusion: Wir sind einfach ein gutes Team, das muss man nicht strukturieren.

Doch mit wachsender Komplexität, mit steigendem Druck und zunehmender Verantwortung, zeigt sich, was fehlt: eine klare, transparente, tragfähige Entscheidungsarchitektur. Ohne diese Struktur beginnt die Beziehung zu bröckeln. Der eine fühlt sich übergangen, der andere ausgebremst. Der eine ist frustriert, weil Dinge endlos diskutiert werden, der andere fühlt sich überrollt, weil alles „einfach entschieden" wird. Vertrauen erodiert – nicht laut, sondern leise.

Dabei ist die Lösung nicht kompliziert – aber sie erfordert Bewusstsein.

Die Grundlage für gemeinsame Entscheidungsfähigkeit ist ein klares Verständnis der Rollen und Verantwortlichkeiten, wie wir es bereits in Kapitel 6 ausführlich beschrieben haben. Wer hat in welchem Bereich die Entscheidungsbefugnis? Wo ist echte Autonomie erlaubt? Und wo müssen beide an Bord sein? Diese Klärung schafft nicht nur Struktur, sondern Respekt. Denn sie bedeutet: Ich weiss, wann ich führen darf – und wann ich loslassen muss.

Doch auch dort, wo Entscheidungen gemeinsam getroffen werden, braucht es ein klares Verfahren. Viele Partner glauben, Einigkeit sei das Ziel. Doch Einigkeit ist nicht immer realistisch – und manchmal sogar kontraproduktiv. Eine Entscheidung, die aus Zwang zur Harmonie entsteht, ist selten stark. Wirklich gute Entscheidungen entstehen aus Spannung, Reibung, Perspektivenvielfalt – und einem klaren Prozess, der diese Vielfalt ordnet.

Ein bewährtes Modell ist das der konstruktiven Dissens-Entscheidung: Beide Partner bringen ihre Sicht ein – vollständig, ehrlich, auch emotional. Es wird nicht sofort entschieden, sondern zunächst differenziert. Wo liegen wirklich die Unterschiede? Was sind Fakten, was sind Interpretationen? Was steckt emotional dahinter? Erst wenn beide Perspektiven gehört und verstanden wurden, erfolgt ein bewusster Entscheidungsmodus: Konsens, Kompromiss oder bewusstes Delegieren.

Manche Entscheidungen erfordern gemeinsames Commitment. Beispielsweise bei strategischen Weichenstellungen, bei Veränderungen in der Eigentümerstruktur, bei langfristigen Partnerschaften. Hier reicht kein einfaches „Passt schon". Hier muss echte innere Zustimmung spürbar sein. Das erfordert Zeit, Tiefe, vielleicht sogar mehrere Gesprächsschleifen. Aber diese Investition lohnt sich – denn sie verhindert spätere Sabotage, Rückzug oder „Ich hab's ja gesagt"-Haltungen.

Andere Entscheidungen hingegen sollten klar delegiert werden. Wer die operative Leitung eines Bereichs trägt, sollte dort eigenständig entscheiden dürfen – innerhalb vorher definierter Leitplanken. Diese Autonomie entlastet die Beziehung und schafft Geschwindigkeit. Denn nichts lähmt eine Partnerschaft mehr als das Gefühl, über jede Kleinigkeit diskutieren zu müssen. Besonders heikel sind Entscheidungen, bei denen einer der Partner emotional stark involviert ist – etwa bei Personalfragen oder in Situationen, die alte Verletzungen triggern. Hier braucht es doppelte Achtsamkeit. Nicht um Emotionen auszuschalten, sondern um sie einzuordnen. Emotionale Reaktionen sind keine Schwäche – sie sind Signale. Die Kunst besteht darin, diese Signale ernst zu nehmen, ohne sich von ihnen dominieren zu lassen. In reifen Partnerschaften wird über die Emotion vor der Entscheidung gesprochen – nicht danach, wenn der Schaden bereits entstanden ist. Was auch häufig unterschätzt wird: Entscheidungen brauchen ein klares Nachgespräch. Was wurde entschieden?

Warum? Was lernen wir aus dieser Entscheidung – unabhängig vom Ergebnis? Diese Reflexion schafft eine Lernkultur. Sie verwandelt Entscheidungen von isolierten Momenten in einen kontinuierlichen Prozess der Entwicklung. Und sie stärkt die Partnerschaft, weil sie zeigt: Wir schauen gemeinsam hin. Wir übernehmen Verantwortung – auch für unsere Irrtümer. Ein besonders kritischer Punkt ist die Entscheidung in der Krise. Wenn es brennt, wenn Zeitdruck herrscht, wenn Angst im Raum steht, dann fallen viele Partnerschaften in alte Muster zurück. Der eine übernimmt die Kontrolle, der andere zieht sich zurück. Oder beide kämpfen um Führung. In solchen Momenten zeigt sich, ob es ein vorher definiertes Notfallprotokoll gibt: Wer entscheidet im Zweifel. Welche Grenzen dürfen dabei nicht überschritten werden? Wer trägt welche Verantwortung – auch rechtlich? Diese Vereinbarungen sollten nicht erst im Sturm getroffen werden, sondern bei ruhiger See.

Letztlich geht es bei der Struktur von Entscheidungsprozessen nicht um Bürokratie. Es geht um Würde. Die Würde des Einzelnen – und die Würde der Beziehung. Es geht darum, einander nicht zu übergehen, nicht zu dominieren, nicht zu manipulieren – sondern einander zu achten, auch im Dissens.

Entscheidungen sind nicht nur Mittel zum Zweck. Sie sind der Ausdruck einer inneren Haltung. Wer entscheidet, sagt: Ich übernehme Verantwortung. Ich stehe für etwas ein. Und in einer Partnerschaft bedeutet das: Wir übernehmen gemeinsam

Verantwortung – nicht nur für das Ergebnis, sondern für den Weg dorthin.

Eine starke Entscheidungskultur ist wie ein Rückgrat. Sie hält aufrecht, auch wenn der Wind von vorn kommt. Und sie ermöglicht es, sich gegenseitig zu stützen – nicht, weil man immer einer Meinung ist, sondern weil man sich auf den Prozess verlassen kann.

Denn am Ende geht es nicht darum, immer die „richtige" Entscheidung zu treffen. Sondern darum, sie gemeinsam zu tragen.

Notizen:

Notizen:

Kapitel 11: Gegenseitige Ergänzung – Unterschiedliche Stärken nutzen

Zwei Menschen, die sich entschliessen, gemeinsam ein Unternehmen zu führen, bringen immer zwei verschiedene Welten mit. Zwei Persönlichkeiten, zwei Biografien, zwei Denkweisen, zwei Arbeitsstile – und zwei Arten, die Welt zu sehen. Diese Unterschiede werden häufig als Herausforderung empfunden. Man spürt sie in Diskussionen, in Prioritäten, in der Art, wie mit Konflikten, Risiken, Zeit oder Menschen umgegangen wird.

Und doch ist genau diese Verschiedenheit nicht nur tolerierbar – sie ist essenziell. Denn die grösste Stärke einer Partnerschaft liegt nicht in der Ähnlichkeit, sondern in der bewussten, gegenseitigen Ergänzung.

Ein Unternehmen braucht Vielschichtigkeit. Es braucht Vision und Struktur. Mut und Bedacht. Schnelligkeit und Genauigkeit. Kreativität und Präzision. Begeisterung und Disziplin. Kein einzelner Mensch bringt all das auf Höchstniveau mit – auch nicht der begabteste Unternehmer. Doch wenn zwei Menschen sich so zusammensetzen, dass ihre Unterschiede wie Zahnräder ineinandergreifen, entsteht ein Momentum, das weit über individuelle Fähigkeiten hinausgeht.

Aber: Diese Ergänzung geschieht nicht automatisch. Sie muss gesehen, anerkannt, geschützt und gepflegt werden. Denn was sich im Idealfall ergänzt, reibt sich im Alltag. Der kreative Visionär fühlt sich vom strukturierenden Strategen eingeengt. Der analytische Denker empfindet die intuitive Spontanität des anderen als chaotisch. Der eine will alles durchsprechen, der andere entscheiden und loslegen. Solange diese Unterschiede unreflektiert bleiben, entstehen Missverständnisse, Frustration, Rückzug. Die grösste Chance einer Partnerschaft – die wechselseitige Vervollständigung – wird dann zur grössten Quelle des Ärgers. Deshalb braucht es ein gemeinsames Bewusstsein: Worin liegt meine Stärke und worin liegt deine?

Diese Frage ist mehr als eine Charakterbeschreibung. Sie ist ein strategisches Element. Wenn die Stärken klar verteilt sind, wird Zusammenarbeit effizienter. Der eine führt Kunden, der andere Prozesse. Der eine denkt langfristig, der andere behält das operative Tagesgeschäft im Blick. Der eine inspiriert das Team, der andere strukturiert das Wachstum. Jeder kennt seinen Platz – nicht als Einschränkung, sondern als Ausdruck von Selbstwirksamkeit.

Doch noch wichtiger als die Analyse der Stärken ist die innere Haltung dazu. Denn wahre Ergänzung setzt Wertschätzung voraus. Es genügt nicht, zu wissen, dass der andere gut im Organisieren ist. Ich muss auch bereit sein, diese Stärke anzuerkennen – und mich in bestimmten Situationen bewusst zurückzunehmen. Das fällt besonders dann schwer, wenn das Ego mitspielt. Wenn man glaubt, selbst besser zu wissen, wie etwas laufen sollte. Wenn man sich plötzlich vergleichen oder beweisen will. Oder wenn man spürt, dass der andere in einem bestimmten Bereich strahlt – und man selbst daneben verblasst.

In solchen Momenten wird die Partnerschaft zur Schule des Herzens. Sie konfrontiert mit den eigenen Unsicherheiten. Sie zeigt auf, wo man noch wachsen darf. Und sie lädt ein, Grösse nicht im Durchsetzen zu finden – sondern im Vertrauen. Wer seinem Partner wirklich zutraut, sein Feld zu führen, der zeigt Grösse, die nicht laut, aber stark ist.

Diese innere Haltung – die Fähigkeit, Unterschiede nicht nur zu ertragen, sondern zu feiern – ist das Fundament jeder Ergänzung. Sie braucht Reife. Und sie braucht klare Kommunikation. Denn nur wenn ich weiss, wo deine Stärke beginnt und wo meine aufhört, kann ich dich lassen – und mich selbst halten.

Das bedeutet nicht, dass man sich nie in die Bereiche des anderen einmischt. Es gibt Themen, die überschneiden sich. Es gibt Entscheidungen, die berühren beide Seiten. Aber auch hier wirkt Ergänzung: In der Art, wie man fragt. Wie man Feedback gibt. Wie man das Know-how des anderen achtet. Es geht nicht um Abgrenzung, sondern um Resonanz. Um das Wissen: Wir müssen nicht alles gleich machen – aber wir müssen uns gegenseitig den Raum lassen, unser Bestes zu geben.

In vielen Partnerschaften wird die Chance der Ergänzung verspielt, weil beide Partner in denselben Bereichen stark sind. Zwei Macher, zwei Kreative, zwei Controller – sie laufen sich unbewusst über den Weg. Was auf den ersten Blick wie maximale Kompetenz aussieht, führt auf Dauer zu Reibung, Konkurrenz, Dominanzkämpfen. Deshalb ist es hilfreich, bereits vor der Gründung offen zu analysieren: Wie sind wir gestrickt? Was sind unsere natürlichen Rollen? Wo liegen Überschneidungen – und wie gehen wir mit ihnen um?

Ein bewährter Weg ist die bewusste Arbeit mit Persönlichkeitsmodellen – nicht als Schubladendenken, sondern als Reflexionshilfe. Modelle wie MBTI, DISC oder das Enneagramm helfen dabei, sich selbst und den Partner besser zu verstehen. Sie zeigen auf, warum der andere so denkt, wie er denkt. Warum er anders handelt – und dass das nicht falsch, sondern komplementär ist.

In reifen Partnerschaften wird diese Unterschiedlichkeit sogar kultiviert. Man sucht aktiv nach der Ergänzung. Man fragt: Was brauchst du, damit du deine Stärke voll entfalten kannst? Und was brauchst du von mir – als Partner, nicht nur als Mitunternehmer? Solche Fragen vertiefen die Beziehung. Sie machen aus funktionaler Zusammenarbeit echte Synergie.

Und in dieser Synergie liegt der wahre Schatz: Dass zwei Menschen, jeder für sich stark, gemeinsam etwas schaffen, was keiner allein hätte bauen können. Dass sie sich nicht bremsen, sondern beschleunigen. Nicht vergleichen, sondern vertrauen. Nicht konkurrieren, sondern ergänzen.

Denn eine grossartige Partnerschaft ist kein Spiegel – sondern ein Prisma. Sie zeigt Facetten, die man allein nie entdeckt hätte.

Notizen:

Notizen:

Kapitel 12: Transparenz in Finanzen und Strukturen – Klarheit, die Vertrauen schafft

Es gibt kaum ein Thema, das Partnerschaften so stark prägen – und gleichzeitig so oft tabuisiert wird – wie das Thema Geld. Finanzielle Fragen sind nicht nur wirtschaftlicher Natur. Sie sind emotional aufgeladen, sie berühren das Selbstbild, sie rühren an Gerechtigkeitsempfinden, Sicherheitsbedürfnisse, Wertschätzung und Verantwortung. Deshalb ist es kein Zufall, dass viele Partnerschaften nicht an Strategien scheitern, sondern an Geld – oder genauer: an der Art, wie mit Geld umgegangen wird.

Transparenz im Finanziellen ist nicht nur eine Frage der Zahlen. Sie ist eine Frage der Haltung. Offenheit über Finanzen bedeutet: Ich bin bereit, dich an meinem wirtschaftlichen Denken teilhaben zu lassen. Ich verstecke nichts. Ich rechne dir nichts vor. Ich vertraue dir mit dem, was mich verwundbar macht – denn Finanzen sind immer auch Ausdruck persönlicher Prioritäten, Ängste und innerer Konzepte von Erfolg und Sicherheit.

Viele Partnerschaften beginnen mit dem Gefühl: Wir vertrauen einander – Geld wird bei uns kein Thema sein. Doch genau darin liegt die Gefahr. Solange es gut läuft, solange Einnahmen fliessen, solange beide das Gefühl haben, dass genug da ist – wird die Illusion aufrechterhalten, dass man sich um solche Dinge nicht kümmern müsse. Doch sobald sich das Blatt wendet – etwa durch wirtschaftlichen Druck, Investitionsentscheidungen, eine Gehaltsdiskussion oder die Frage nach Gewinnausschüttung – wird sichtbar, was zuvor im Verborgenen lag: unterschiedliche Vorstellungen, unausgesprochene Erwartungen, unbewusste Machtgefüge.

Deshalb ist es so wichtig, dass finanzielle Transparenz nicht erst eingefordert wird, wenn das Vertrauen bereits Risse bekommen hat, sondern dass sie von Anfang an aktiv gestaltet wird. Das beginnt bei einfachen Dingen: gemeinsame Einblicke in alle relevanten Konten, klare Vereinbarungen zu Ausgaben, Buchhaltung, Investitionen, Gehältern, Rücklagen, Liquiditätsplanung. Es geht nicht darum, sich ständig zu kontrollieren, sondern darum, eine gemeinsame Sprache zu entwickeln – eine Sprache, in der Geld nicht verschwiegen, sondern verstanden wird.

Gerade in der Konstellation, in der einer der Partner stärker im Finanzbereich denkt oder sogar alleinige Verantwortung dafür trägt, ist Transparenz kein Automatismus. Hier braucht es bewusste Prozesse: regelmässige Updates, klare Erklärungen, echte Beteiligung. Denn nichts ist schädlicher als das Gefühl: Der andere weiss mehr als ich – und ich muss ihm einfach vertrauen. Dieses Gefühl untergräbt über Zeit die Augenhöhe. Es erzeugt eine stille Abhängigkeit. Und aus dieser wächst Misstrauen – auch wenn nie ein konkreter Anlass besteht.

Transparenz in Finanzen ist daher ein Schutzraum. Sie schützt vor Missverständnissen, vor falschen Projektionen, vor enttäuschten Erwartungen. Sie ist auch Schutz vor Selbsttäuschung – denn wer seine Zahlen teilt, muss sie verstehen. Wer erklärt, was passiert, erkennt oft selbst, wo blinde Flecken sind. Und wer offenlegt, wie Entscheidungen getroffen werden, wird klarer – nicht nur für den Partner, sondern für sich selbst.

Finanzielle Transparenz betrifft aber nicht nur das operative Tagesgeschäft. Sie schliesst auch Fragen der Eigentumsverhältnisse, Gewinnverteilung, Exit-Optionen und Altersabsicherung mit ein. Viele Partner scheuen diese Themen, weil sie als unromantisch gelten. Doch genau das ist ein Irrtum. Es gibt keine grössere Form der Wertschätzung als das Angebot, über Geld zu sprechen – ehrlich, respektvoll, auf Augenhöhe. Denn in diesem Gespräch zeigt sich, wie ernst man die Partnerschaft wirklich nimmt.

Auch die strukturelle Seite der Transparenz ist entscheidend: Wer hat welche Rolle? Wer ist in welchem Gremium? Wer hat welche Zugriffsrechte? Wer unterschreibt was? Wie sind Entscheidungswege aufgebaut? Was ist dokumentiert – und was nicht? Welche Abläufe sind definiert – und welche werden „irgendwie" geregelt? Diese Fragen wirken oft wie technische Details. Doch sie sind der Rahmen, in dem sich Vertrauen bewegt. Strukturen sind nicht der Gegensatz zu Vertrauen. Sie sind seine Voraussetzung.

Besonders wichtig wird das dann, wenn das Unternehmen wächst, externe Partner dazukommen, Investoren mitreden oder Teams aufgebaut werden. In solchen Phasen zeigt sich, ob die Partnerschaft ein solides, transparentes Fundament hat – oder ob Entscheidungen zu Spannungen führen, weil sie nicht sauber besprochen oder nachvollziehbar gemacht wurden.

Transparenz bedeutet hier nicht, jede Kleinigkeit gemeinsam zu entscheiden. Es bedeutet, die relevanten Dinge sichtbar zu machen – und eine gemeinsame Haltung zu entwickeln, in der Klarheit selbstverständlich ist. Denn Klarheit schützt nicht nur vor Streit – sie ermöglicht echte Freiheit. Wer weiss, wie Dinge geregelt sind, kann loslassen. Wer weiss, worauf er sich verlassen kann, muss nicht ständig kontrollieren. Wer sieht, wie der andere handelt, kann vertrauen. Finanzielle und strukturelle Transparenz ist also kein bürokratischer Aufwand. Sie ist Ausdruck innerer Reife. Sie sagt: Ich bin bereit, mich dir ganz zu zeigen – auch dort, wo ich verwundbar bin. Und genau in dieser Offenheit entsteht eine Partnerschaft, die nicht nur funktioniert, sondern trägt. Denn am Ende geht es nicht nur darum, ein Unternehmen gemeinsam aufzubauen. Es geht darum, es auf einem Fundament zu errichten, das auch dann hält, wenn der Wind sich dreht. Und dieses Fundament ist nicht nur Vertrauen – sondern sichtbare, gelebte Transparenz.

Notizen:

Notizen:

Kapitel 13: Persönliche und geschäftliche Grenzen achten – Raum für Individualität, Raum für Verbindung

In einer geschäftlichen Partnerschaft verschwimmen die Grenzen schnell. Man arbeitet eng zusammen, trifft sich täglich, teilt Erfolge und Rückschläge, telefoniert am Abend, schreibt sich am Wochenende, diskutiert über Zahlen, Visionen, Entscheidungen – und oft auch über persönliche Themen. Man verbringt mehr Zeit miteinander als mit vielen anderen Menschen im eigenen Leben. Die Grenze zwischen beruflich und privat, zwischen Partner und Freund, zwischen Verantwortung und Bedürfnis wird durchlässig.

Diese Nähe ist eine Kraftquelle – sie schafft Vertrauen, Verlässlichkeit, ein tiefes Gefühl von Verbundenheit. Sie kann ein Fundament sein, das stärker ist als jeder Vertrag. Doch gerade diese Nähe birgt eine subtile Gefahr: das langsame Übertreten von Grenzen. Nicht aus böser Absicht, sondern aus Gewohnheit. Aus Eile. Aus unbewusster Vereinnahmung.

Man beginnt, Dinge zu erwarten, ohne sie abzustimmen. Man spricht Themen an, ohne zu fragen, ob Raum dafür da ist. Man setzt den anderen unter Druck, ohne zu merken, dass man es tut. Man beginnt, das Ich zu verlieren – im Wir. Und das Wir zu belasten – durch das Ich.

Deshalb ist die Achtsamkeit für persönliche und geschäftliche Grenzen kein Luxus, sondern eine Notwendigkeit. Sie schützt die Individualität jedes Partners – und damit die Qualität der Partnerschaft selbst. Grenzen sind unsichtbare Linien. Sie definieren, was für mich in Ordnung ist – und was nicht. Sie zeigen, wie viel Nähe ich möchte, wann ich Rückzug brauche, wie ich arbeite, was mich stört, was ich brauche, um leistungsfähig und klar zu bleiben. Jeder Mensch hat ein anderes Grenzsystem. Der eine kann abends noch stundenlang über das Unternehmen sprechen, der andere braucht ab 19 Uhr Abstand. Der eine verarbeitet Konflikte durch Reden, der andere durch Ruhe. Der eine ist offen für emotionale Themen, der andere braucht Struktur, um sich sicher zu fühlen.

In einer guten Partnerschaft geht es nicht darum, diese Unterschiede zu überbrücken – sondern sie zu achten. Sie zu sehen, zu verstehen, zu respektieren. Und sie zu kommunizieren. Denn nur wer seine Grenzen kennt, kann sie auch setzen. Und nur wer sie setzt, kann Beziehung auf Augenhöhe gestalten.

Grenzen setzen ist kein Zeichen von Schwäche oder Egoismus. Es ist ein Ausdruck von Klarheit. Und Klarheit ist der Anfang von Respekt. Wenn ich dir zeige, wo meine Grenze ist, dann schütze ich nicht nur mich – ich gebe dir auch Orientierung. Du musst nicht mehr raten, was für mich stimmt. Du musst mich nicht mehr testen. Du darfst mir glauben, was ich sage. Und ich darf dir vertrauen, dass du mich ernst nimmst.

Das gilt für das Persönliche genauso wie für das Geschäftliche. Auch im Unternehmen braucht es Grenzen: Wer trifft welche Entscheidungen? Wer darf in wessen Bereich mitsprechen – und wann nicht? Wie werden Rückmeldungen gegeben? Welche Sprache ist okay – welche nicht? Wie geht man mit Pausen, mit Erreichbarkeit, mit Arbeitszeiten um? Auch das sind Grenzen. Nicht als Einschränkungen – sondern als Ordnungen, die Freiheit ermöglichen. Besonders sensibel wird das Thema Grenzen in Phasen von Druck, Wachstum oder Krise. Dann, wenn viel auf dem Spiel steht, wenn Entscheidungen schnell fallen müssen, wenn Unsicherheiten im Raum sind – dann werden Grenzen oft unabsichtlich verletzt. Man redet über Themen, obwohl der andere gerade erschöpft ist. Man verlangt Antworten, obwohl noch keine Reife da ist. Man zieht sich zurück, obwohl der andere gerade Nähe bräuchte. Oder man vermischt berufliche Kritik mit persönlichen Botschaften.

Hier zeigt sich die Reife einer Partnerschaft: Können wir erkennen, wann wir gerade nicht mehr als Geschäftspartner, sondern als Menschen sprechen? Können wir unterscheiden, wann ein „Nein" keine Ablehnung ist – sondern ein Schutz? Können wir zulassen, dass der andere anders ist als wir – ohne ihn zu verändern?

In vielen Beziehungen entsteht über Zeit eine Art ungeschriebenes Skript: So ist mein Partner eben. Doch genau das ist gefährlich. Denn es nimmt die Dynamik. Es nimmt die Neugier. Es verhindert, dass sich der andere weiterentwickeln darf. Wer Grenzen achtet, erlaubt Veränderung. Er erkennt: Was gestern stimmte, kann heute zu viel sein. Was heute passt, kann morgen neu besprochen werden.

Grenzen achten heisst auch, sich selbst nicht aufzugeben. Viele Partner – besonders harmonieliebende oder zurückhaltende – neigen dazu, sich selbst zurückzunehmen, um die Beziehung zu schützen. Sie schlucken Ärger, sie arbeiten mehr als gesund wäre, sie stimmen zu, obwohl sie innerlich nein sagen. Aber das Problem ist: Was nicht gesagt wird, bleibt nicht stumm. Es äussert sich anders – in Erschöpfung, in Rückzug, in subtiler Wut, in ironischen Kommentaren. Die Beziehung wird müde – nicht durch Streit, sondern durch Nichtausgesprochenes.

Deshalb ist Grenzarbeit immer auch Selbstführung. Es bedeutet, Verantwortung zu übernehmen – nicht nur für das Unternehmen, sondern für sich selbst. Was brauche ich wirklich? Was ist für mich zu viel? Was verletzt mich – und wie kann ich das Ausdrücken, ohne den anderen zu beschuldigen?

Und es bedeutet, diese Fragen auch dem anderen zu stellen. Nicht zu raten, sondern zu fragen: Was brauchst du gerade? Wieviel Nähe ist dir angenehm? Wieviel Kontrolle ist für dich in Ordnung? Wieviel Rückzug brauchst du, um klar zu bleiben? Das sind keine psychologischen Spielereien. Das ist praktische Beziehungspflege.

Wenn das gelingt, entsteht ein Klima, in dem sich beide Partner entwickeln können. In dem niemand sich beweisen muss. In dem niemand Angst haben muss, vereinnahmt zu werden. In dem Nähe entsteht, weil Distanz erlaubt ist. In dem Offenheit möglich ist, weil Rückzug respektiert wird.

Denn eine gute Partnerschaft lebt nicht von ständiger Einigkeit – sondern von gegenseitiger Freiheit. Und diese Freiheit entsteht genau dort, wo die Grenzen nicht ignoriert, sondern geehrt werden.

Notizen:

Notizen:

Kapitel 14: Langfristige Perspektive – Nicht nur das Hier und Jetzt

In der Gründungsphase eines Unternehmens ist alles nah. Entscheidungen fallen schnell. Probleme sind konkret. Lösungen müssen sofort her. Es geht um das nächste Projekt, den nächsten Kunden, die nächste Präsentation, die nächste Finanzierungsrunde. Die Energie ist hoch, der Blick fokussiert, der Horizont eng. In dieser Phase zählt vor allem das Hier und Jetzt – und das ist auch gut so. Der Anfang braucht Konzentration, Kraft, Präsenz.

Doch je weiter die Reise geht, desto mehr zeigt sich: Eine Partnerschaft, die nur auf das Jetzt schaut, verliert sich im Lauf der Zeit. Sie reagiert, statt zu gestalten. Sie arbeitet, statt zu führen. Sie wird operativ stark – aber strategisch blind. Was dann oft folgt, ist Erschöpfung, Frust oder Entfremdung. Nicht, weil jemand „falsch" gehandelt hätte, sondern weil die gemeinsame Perspektive verloren ging.

Eine langfristige Perspektive in der Partnerschaft ist kein Luxus – sie ist Orientierung. Sie ist das gemeinsame innere Bild davon, wohin sich das Unternehmen und die Beziehung entwickeln sollen. Und sie ist die Grundlage dafür, Entscheidungen im Heute aus einem Bewusstsein für Morgen zu treffen.

Denn jede Entscheidung, die heute getroffen wird – ob sie sich klein oder gross anfühlt – hat Auswirkungen auf die Zukunft. Der Ton, den man im Team etabliert. Die Art, wie man mit Kunden umgeht. Die Prozesse, die man zulässt oder ignoriert. Die Partner, mit denen man sich verbindet. Der Umgang mit Geld, mit Konflikten, mit Wachstum. Alles formt ein Unternehmen nicht nur im

Jetzt – sondern in seiner zukünftigen Identität. Doch um diese Zukunft gemeinsam gestalten zu können, müssen beide Partner sie sehen. Oder genauer: Sie müssen sie gemeinsam sehen lernen. Denn selten ist die Vision von Anfang an deckungsgleich. Jeder bringt seine eigene Idee von Zukunft mit. Der eine träumt von internationaler Expansion, der andere von lokaler Exzellenz. Der eine will irgendwann operativ aussteigen, der andere sich langfristig binden. Der eine sieht sich in fünf Jahren als strategischer Investor, der andere als täglicher Gestalter.

Diese Unterschiede sind kein Problem – wenn sie sichtbar werden. Doch wenn sie unbewusst bleiben, führen sie zu Reibung, Unzufriedenheit, Konflikten, die scheinbar in der Sache liegen, aber in Wirklichkeit tief in der nicht geteilten Vorstellung von Zukunft wurzeln.

Deshalb braucht jede ernsthafte Partnerschaft regelmässige Gespräche über das grosse Bild. Nicht nur über Strategie – sondern über Lebenspläne. Über Wünsche. Über Grenzen. Über Identität. Diese Gespräche sind oft ungewohnt, vielleicht sogar unangenehm. Sie erfordern Offenheit. Die Bereitschaft, sich zu zeigen. Und die Geduld, gemeinsam zu entwerfen, statt schnell zu entscheiden.

Was macht für uns ein gelungenes Unternehmen aus? Wo sehen wir uns in zehn Jahren – nicht nur als Firma, sondern als Menschen? Wie lange wollen wir gemeinsam führen? Wollen wir wachsen – und wenn ja, warum? Was ist für uns genug? Was darf sich verändern? Und was darf niemals verloren gehen?

Solche Fragen führen nicht sofort zu klaren Antworten. Aber sie öffnen einen Raum. Einen Raum, in dem sich Zukunft formen kann – nicht aus Druck, sondern aus Bewusstsein. Und in diesem

Raum entsteht etwas Seltenes: eine partnerschaftliche Übereinkunft über Zeit. Langfristiges Denken bedeutet auch, Zyklen zu erkennen. Unternehmen leben in Phasen. Aufbau. Wachstum. Reife. Umbruch. Jeder dieser Abschnitte bringt andere Anforderungen mit sich. Und jede Phase verändert die Beziehung. Was am Anfang leicht war, wird später komplex. Was früher Freiheit bedeutete, wird irgendwann zur Unordnung. Was einst Nähe erzeugte, kann irgendwann zu viel werden.

Eine langfristige Perspektive erlaubt es, diese Veränderungen nicht als Bedrohung zu erleben – sondern als natürlichen Teil der Entwicklung. Sie schafft Ruhe. Sie erlaubt, Krisen nicht zu dramatisieren, sondern einzuordnen. Sie ermöglicht es, Entscheidungen nicht nur am heutigen Schmerz auszurichten, sondern am übergeordneten Sinn.

Und sie schützt davor, sich selbst zu verlieren. Denn in der Betriebsamkeit des Alltags ist es leicht, den eigenen Weg aus den Augen zu verlieren. Man arbeitet, man funktioniert, man reagiert – und irgendwann fragt man sich: Warum machen wir das alles eigentlich? Wofür?

Die Antwort auf diese Frage ist nicht im Kalender zu finden. Sie ist nicht in Quartalszielen versteckt. Sie entsteht nur in der Tiefe. Dort, wo zwei Partner nicht nur an der Firma arbeiten – sondern an sich selbst. An ihrer Beziehung. An ihrem gemeinsamen Weg.

Langfristigkeit bedeutet auch, Endlichkeit anzuerkennen. Jedes Unternehmen, jede Rolle, jede Partnerschaft hat eine Zeit. Die Kunst besteht nicht darin, sie unendlich zu dehnen – sondern sie bewusst zu gestalten. Zu wissen: Es wird Phasen geben, in denen wir eng zusammenarbeiten. Und vielleicht Phasen, in denen wir andere Wege gehen. Beides darf sein – wenn wir es ehrlich besprechen. Eine reife Partnerschaft kennt kein Festhalten um jeden Preis. Sie kennt Bindung aus Freiheit. Und sie kennt die Weisheit, Zukunft nicht nur zu planen – sondern gemeinsam entstehen zu lassen.

Denn wahre Perspektive entsteht nicht aus Kontrolle. Sondern aus geteiltem Sinn.

Und dieser Sinn beginnt immer im Gespräch. Nicht über das Jetzt – sondern über das, was kommen darf.

Notizen:

Notizen:

Kapitel 15: Rechtliche Klarheit von Anfang an – Sicherheit für das, was wirklich zählt

Viele Menschen gründen Unternehmen mit dem Gefühl, dass Vertrauen wichtiger sei als Verträge. Dass man einander „kennt", sich „versteht", sich „verlassen kann". Besonders in der Anfangsphase, wenn alles neu ist, wenn Euphorie herrscht, wenn das gemeinsame Ziel im Vordergrund steht, scheint es unpassend, über rechtliche Fragen zu sprechen. Wer über Verträge redet, so der unausgesprochene Gedanke, vertraut nicht. Wer Grenzen festlegt, glaubt nicht an das Miteinander. Wer über mögliche Konflikte oder sogar ein Scheitern spricht, zerstört die Leichtigkeit.

Doch diese Haltung ist gefährlich – und sie ist eine der häufigsten Ursachen für zerbrechende Partnerschaften. Denn gerade, weil Vertrauen so wertvoll ist, braucht es einen klaren rechtlichen Rahmen. Nicht als Ersatz für das Miteinander – sondern als Schutz. Nicht gegen den anderen – sondern für die Beziehung.

Ein Vertrag ist kein Misstrauensbeweis. Er ist ein Ausdruck von Klarheit. Er sagt: Ich nehme dich ernst. Ich nehme mich ernst. Und ich nehme das, was wir gemeinsam aufbauen, so ernst, dass ich es schützen möchte – auch vor unseren eigenen Fehlern, Unsicherheiten oder Veränderungen.

Denn eines ist sicher: Menschen verändern sich. Umstände verändern sich. Lebenssituationen, Erwartungen, Interessen. Eine Partnerschaft, die heute harmonisch funktioniert, kann morgen auf eine Probe gestellt werden – durch Krankheit, private Krisen, finanzielle Schwierigkeiten, Erfolg, neue Möglichkeiten oder schlichtweg durch unterschiedliche Entwicklungen.

Und genau dann zeigt sich, ob die rechtliche Basis tragfähig ist. Ob sie Klarheit schafft, wenn die Emotionen hochkochen. Ob sie Orientierung bietet, wenn das Vertrauen wankt. Ob sie ein stabiles Gerüst ist – oder eine offene Flanke. Rechtliche Klarheit beginnt mit den Grundlagen: Wer ist offiziell Teilhaber des Unternehmens? In welchem Verhältnis stehen die Beteiligungen? Wie sind Einlagen, Investitionen und Auszahlungen geregelt? Wer haftet – und wofür? Wie werden Gewinne verteilt? Welche Rechte und Pflichten bestehen im Alltag? Wer darf was entscheiden? Und was passiert, wenn einer der Partner aussteigen möchte – oder muss?

Diese Fragen klingen nüchtern – und das sind sie auch. Aber genau diese Nüchternheit schafft Raum für das, was wirklich zählt: die Beziehung. Denn nichts ist belastender für eine Partnerschaft als die permanente Unsicherheit darüber, was im Fall der Fälle passiert. Wenn Unklarheit herrscht, beginnt das Misstrauen zu wachsen. Man fängt an, zwischen den Zeilen zu lesen, Handlungen zu interpretieren, Absichten zu hinterfragen. Nicht, weil der andere sich verändert hat – sondern weil die Regeln fehlen.

Ein klar formulierter Gesellschaftervertrag – aufgesetzt mit professioneller Hilfe, gemeinsam durchdacht, offen diskutiert – ist wie eine gute Versicherung: Man hofft, sie nie zu brauchen, aber sie gibt Sicherheit, dass man vorbereitet ist. Und mehr noch: Der Prozess der Erstellung ist oft heilsam. Er zwingt zu Gesprächen, die sonst leicht vermieden werden. Über Geld. Über Verantwortung. Über Macht. Über Ausstiegsszenarien. Über Tod, Krankheit, Streit, Scheitern. Solche Gespräche machen Angst. Aber sie machen auch ehrlich. Und diese Ehrlichkeit stärkt. Sie schafft Respekt. Denn sie zeigt: Wir sind nicht nur im Erfolg miteinander verbunden. Wir sind bereit, auch über das zu sprechen, was schiefgehen könnte. Und genau deshalb vertrauen wir einander.

Rechtliche Klarheit schützt auch Dritte. Mitarbeiter, Kunden, Investoren – sie alle haben ein Recht auf Verlässlichkeit. Ein Unternehmen, in dem die Eigentümerstruktur nicht geklärt ist, in dem bei Konflikten Unklarheit herrscht, wirkt instabil. Und Instabilität kostet nicht nur Vertrauen – sie kostet Geld, Chancen und Zeit.

Besonders wichtig ist die Klärung im Bereich der Entscheidungsfindung: Was passiert, wenn sich die Partner nicht einig sind? Gibt es ein Vetorecht? Gibt es einen Schlichtungsmechanismus? Wer hat in welchem Bereich das letzte Wort? Auch wenn man sich heute einig ist – der Tag wird kommen, an dem Meinungsverschiedenheit entsteht. Und dann ist es ein Akt von Weisheit, wenn man sich nicht erst dann fragt, wie man damit umgeht.

Und schliesslich gehört zur rechtlichen Klarheit auch der Ausstieg. Was passiert, wenn einer der Partner das Unternehmen verlassen möchte? Wie wird der Anteil bewertet? Gibt es ein Vorkaufsrecht? Wie werden geistiges Eigentum, Kundenbeziehungen, Markenrechte und Know-how behandelt? Diese Fragen sind unbequem. Doch wer sie nicht stellt, läuft Gefahr, im Ernstfall alles zu verlieren – nicht nur materiell, sondern auch emotional.

Eine gute Partnerschaft braucht keine permanente rechtliche Kontrolle. Aber sie braucht ein solides Fundament – eine Vereinbarung, die beide schützt. Die Freiheit ermöglicht, weil sie Sicherheit bietet. Die Nähe erlaubt, weil sie Distanz regelt. Das Vertrauen stärkt, weil sie Klarheit schafft. Denn am Ende geht es nicht darum, das Schlimmste zu erwarten. Es geht darum, das Wertvollste zu schützen. Und das Wertvollste in jeder Partnerschaft ist nicht der Gewinn. Es ist die Beziehung.

Rechtliche Klarheit ist kein Zeichen von Misstrauen. Sie ist ein Zeichen von Ernsthaftigkeit. Und diese Ernsthaftigkeit ist es, die aus einer Idee ein Unternehmen macht – und aus einer Verbindung eine Partnerschaft, die wirklich trägt.

Notizen:

Notizen:

Kapitel 16: Exit-Szenarien und Notfallpläne – Wenn Klarheit wichtiger ist als Kontrolle

Eine geschäftliche Partnerschaft beginnt mit Aufbruch, mit Energie, mit der Hoffnung auf einen gemeinsamen Weg. Zwei Menschen verbinden sich, weil sie an etwas glauben – an eine Idee, ein Ziel, eine gemeinsame Kraft. Der Fokus liegt auf dem Aufbau, dem Vorwärtskommen, dem Wachsen. Wer denkt in dieser Zeit an das Ende?

Und doch gehört genau dieser Gedanke zur Reife einer Beziehung. Nicht, weil man scheitern will – sondern weil man es ernst meint. Weil man das, was entsteht, nicht nur feiern, sondern auch schützen will. Weil man sich nicht nur im Erfolg verbunden weiss, sondern auch in der Verantwortung für alle Eventualitäten, die das Leben bereithält.

Ein Exit ist nicht gleichzusetzen mit einem Scheitern. Menschen verändern sich. Lebenssituationen verändern sich. Ein Partner möchte sich beruflich neu orientieren. Der andere möchte aussteigen, weil Familie, Gesundheit oder neue Interessen Priorität bekommen. Vielleicht aber entsteht auch ein tiefer Konflikt, der nicht mehr lösbar ist. Oder einer der Partner verstirbt plötzlich. Was dann?

Die meisten Partnerschaften klammern diese Szenarien aus. Nicht, weil sie naiv sind – sondern weil sie hoffen, dass es „schon nicht passiert". Und genau das ist gefährlich. Denn wenn der Ernstfall eintritt und keine Regelung da ist, brechen nicht nur Strukturen zusammen – es brechen auch Beziehungen. Plötzlich stehen Fragen im Raum, die niemand beantworten kann: Wer übernimmt die Anteile? Wie wird der Wert ermittelt? Was passiert mit Kundenkontakten, geistigem Eigentum, laufenden Projekten? Wer darf was entscheiden – und wie schnell? In diesen Momenten entscheidet nicht mehr die Beziehung über den weiteren Verlauf – sondern die vorbereitete Struktur. Und genau deshalb ist es kein Zeichen von Pessimismus, sich frühzeitig mit Exit-Szenarien zu beschäftigen. Es ist ein Akt von Weitsicht. Ein Ausdruck gegenseitiger Achtung. Eine Versicherung für das, was beide aufgebaut haben.

Ein sauber definierter Exit-Prozess gibt nicht nur Sicherheit – er schützt die Würde beider Partner. Denn ein Ausstieg ist oft ein emotionaler Moment. Es geht nicht nur um Zahlen, sondern um Identität, um Anteil, um Geschichte. Wer aussteigt, lässt nicht einfach eine Firma zurück – sondern auch eine Zeit, ein Wir, einen Teil von sich selbst. Und wer bleibt, verliert nicht nur Unterstützung, sondern oft auch Orientierung.

Deshalb ist es wichtig, nicht erst über Ausstieg zu sprechen, wenn der Schmerz da ist – sondern lange davor. In ruhiger Zeit. Mit klarem Blick. Und mit dem gemeinsamen Willen, auch für den möglichen Abschied eine Form zu finden, die fair, transparent und respektvoll ist.

Zu einem guten Exit-Plan gehört die Klärung folgender Fragen:

- Wie kann ein Partner freiwillig aussteigen? Welche Fristen gelten? Wie läuft die Kommunikation?

- Wie wird der Unternehmenswert ermittelt? Gibt es ein gemeinsames Bewertungsverfahren? Wird ein externer Gutachter hinzugezogen?

- Wer hat Vorkaufsrechte? Darf der verbleibende Partner die Anteile übernehmen – zu welchen Bedingungen?
- Was passiert im Todesfall? Gibt es eine Nachfolgeregelung? Wer erhält welche Rechte?
- Was geschieht bei Insolvenz, Krankheit oder dauerhafter Handlungsunfähigkeit? Gibt es Vertretungsregelungen?
- Wie wird mit vertraulichen Informationen, Kundenbeziehungen und geistigem Eigentum umgegangen?

Diese Fragen sind nicht nur juristisch – sie sind zutiefst menschlich. Denn sie berühren den Kern der Beziehung: Vertrauen, Verantwortung, Gerechtigkeit.

Doch nicht nur Exit-Szenarien brauchen Klarheit. Auch Notfallpläne für temporäre Ausfälle oder unvorhergesehene Krisen sind essenziell. Was passiert, wenn einer von uns plötzlich mehrere Wochen ausfällt – durch Krankheit, Unfall, Erschöpfung? Gibt es eine Übergabestruktur? Sind die wichtigsten Passwörter, Zugänge, Verträge, Kontakte auffindbar? Wer informiert wen? Wer übernimmt welche Aufgaben?

In stressfreien Zeiten erscheinen solche Überlegungen übervorsichtig. Doch im Ernstfall können sie über das Überleben des Unternehmens entscheiden. Und über den Erhalt der Partnerschaft. Denn nichts ist belastender als Hilflosigkeit in einem Moment, in dem Klarheit gefragt ist.

Ein guter Notfallplan ist wie ein zweiter Boden unter dem Seil: Man hofft, ihn nie zu brauchen. Aber man geht anders über das Seil, wenn man weiss, dass er da ist. Die Partnerschaft wird freier. Weil sie nicht auf ständiger Kontrolle beruht – sondern auf durchdachter Absicherung. Was all diese Themen verbindet, ist die Haltung: Wir sind uns so wichtig, dass wir auch über das Unangenehme sprechen. Weil wir gemeinsam reifen wollen – nicht nur reagieren. Diese Gespräche sind nicht einfach. Sie verlangen Offenheit, Mut, Ehrlichkeit. Manchmal rühren sie an tiefe Ängste – vor Verlust, vor Ungerechtigkeit, vor Kontrollverlust. Aber genau deshalb sind sie so wichtig. Denn sie schaffen etwas, das keine Erfolgsgeschichte ersetzen kann: Tiefe. Wenn zwei Menschen in der Lage sind, über Abschied zu sprechen, ohne sich zu entfernen – dann ist ihre Verbindung gereift. Dann wird sichtbar, dass es nicht nur um das Projekt geht, sondern um das Vertrauen darin, dass auch Veränderung getragen werden kann. Denn am Ende ist die wahre Stärke einer Partnerschaft nicht nur sichtbar in dem, was sie gemeinsam aufbaut. Sondern in der Art, wie sie mit dem Unplanbaren umgeht – vorbereitet, bewusst, in Würde.

Notizen:

Notizen:

Kapitel 17: Loyalität in schwierigen Zeiten – Was uns wirklich zusammenhält

Es ist einfach, loyal zu sein, wenn alles gut läuft. Wenn die Auftragsbücher voll sind, das Team harmoniert, die Presse wohlwollend schreibt, und das Gefühl herrscht, auf dem richtigen Weg zu sein. Dann ist Loyalität leicht. Sie äussert sich im Schulterklopfen, in gemeinsamen Erfolgen, im Lachen über kleine Hürden. Doch das ist keine echte Probe. Denn Loyalität zeigt sich nicht im Glanz – sie zeigt sich im Schatten. Sie ist keine Haltung für gute Zeiten. Sie ist ein Charaktertest in den schweren.

In jeder Partnerschaft kommen Phasen, in denen es schwierig wird. Wirtschaftlich. Persönlich. Zwischenmenschlich. Man steht unter Druck. Kunden springen ab. Zahlen stimmen nicht. Entscheidungen gehen schief. Menschen verlassen das Unternehmen. Die Vision, die gestern noch klar war, verschwimmt im Nebel der Realität. Und manchmal ist die grösste Herausforderung nicht der Markt – sondern der Mensch an der Seite.

Hier, genau in diesen Momenten, zeigt sich, was die Beziehung wirklich trägt. Wird der andere zur Projektionsfläche? Sucht man Schuldige – oder Lösungen? Bleibt man im Gespräch – oder beginnt man, hinter dem Rücken zu reden? Unterstützt man sich – oder zieht sich zurück? Bleibt man innerlich verbunden – oder lässt man sich von der eigenen Enttäuschung trennen?

Loyalität bedeutet in ihrer tiefsten Form: Ich bleibe da, auch wenn es schwer wird. Ich bin nicht nur dein Partner im Erfolg – ich bin es auch in der Krise. Das heisst nicht, dass man sich alles gefallen lässt. Es heisst nicht, dass man keine Kritik äussert oder nicht klar positioniert ist. Es bedeutet, dass man den anderen nicht fallen lässt. Dass man ihn nicht entwertet, wenn er gerade nicht stark ist. Dass man das grössere Ganze nicht aus den Augen verliert – das Vertrauen, die gemeinsame Geschichte, die geteilte Verantwortung.

Loyalität beginnt dort, wo man dem anderen nicht alles recht machen muss, aber ihn nicht aus der inneren Verbundenheit entlässt. Es ist die Entscheidung, aufrecht zu bleiben, wenn der andere gerade wankt. Nicht, weil man muss – sondern weil man es will. Weil man weiss: Auch ich werde irgendwann wanken. Und dann wünsche ich mir jemanden an meiner Seite, der bleibt.

In schwierigen Zeiten ist der Druck hoch – und damit auch die Versuchung, die Verantwortung zu verschieben. Der eine sucht die Ursache beim anderen, der andere flüchtet in Aktionismus. Plötzlich steht nicht mehr das gemeinsame Ziel im Zentrum – sondern das eigene Überleben. Das ist verständlich. Wir Menschen sind so gestrickt: Unter Druck schrumpft unser Horizont. Wir handeln enger, vorsichtiger, misstrauischer.

Und doch ist es genau dann entscheidend, wie bewusst wir mit dieser Dynamik umgehen. Erkenne ich, dass ich mich gerade schütze – und nicht kämpfe? Merke ich, dass mein Groll vielleicht weniger mit dem anderen zu tun hat, als mit meiner eigenen Angst? Habe ich den Mut, das auszusprechen, statt innerlich zu kündigen?

Loyalität ist nicht blind. Sie ist nicht naiv. Sie schaut hin – aber sie geht nicht weg. Sie stellt Fragen – aber nicht in Anklage. Sie bleibt kritisch – aber zugewandt. Loyalität bedeutet auch, unbequem zu sein. Zu sagen: So geht es nicht weiter – und gerade deshalb bleibe ich im Gespräch. Sie bedeutet, sich nicht von Fehlern trennen zu lassen. Denn jeder Mensch macht Fehler. Jeder Unternehmer trifft falsche Entscheidungen. Auch du. Auch ich.

Wer nur dann loyal ist, wenn der andere alles richtig macht, ist kein Partner – sondern Zuschauer. Wirkliche Partnerschaft beginnt dort, wo der andere strauchelt. Wo man enttäuscht ist – und trotzdem nicht die Tür zuschlägt. Wo man verletzt ist – und sich trotzdem nicht ins Schweigen rettet. Wo man spürt: Wir stehen gerade auf dünnem Eis. Aber ich renne nicht davon. Ich will, dass wir weitergehen – gemeinsam.

In unternehmerischer Realität bedeutet Loyalität auch: den anderen nicht vor Dritten zu schwächen. Keine subtilen Spitzen im Team. Kein öffentliches Lästern. Keine geteilte Verantwortung als Einzelfehler hinstellen. Wer loyal ist, schützt den anderen – auch dann, wenn es schwerfällt. Er trägt die Verantwortung mit. Und er spricht das Schwierige dort an, wo es hingehört: unter vier Augen, ehrlich, klar, respektvoll.

Loyalität wirkt im Kleinen. In der Art, wie man über den anderen spricht. In der Art, wie man schaut, wenn er spricht. In der Bereitschaft, ihn zu verteidigen, wenn er selbst gerade keine Kraft dazu hat. In der Geste, ihn zu fragen, ob er okay ist – obwohl man selbst gerade erschöpft ist.

Und sie wirkt im Grossen: In der Entscheidung, nicht aufzugeben, wenn es unbequem wird. In der Fähigkeit, Rückschläge nicht als Beweis des Scheiterns, sondern als Teil des Weges zu begreifen. In der Erinnerung daran, warum man überhaupt begonnen hat – und was man schon gemeinsam überstanden hat.

Loyalität ist kein Wort. Sie ist Haltung. Und sie ist vielleicht das Wertvollste, was zwei Menschen einander schenken können –

gerade dann, wenn das Umfeld instabil ist, wenn Geld fehlt, wenn Fehler gemacht wurden, wenn der Zweifel wächst. Denn genau dann braucht der andere nicht deine Bewertung – sondern deine Gegenwart. Und du wirst merken: Wenn du bleibst, auch wenn es unbequem ist, entsteht eine neue Tiefe. Eine Partnerschaft, die durchlebt hat, was viele vermeiden. Eine Verbindung, die nicht nur trägt, wenn alles stimmt – sondern weil sie gelernt hat, im Unvollkommenen zu bestehen.

Wahre Loyalität beginnt da, wo viele gehen. Und bleibt da, wo es zählt.

Notizen:

Notizen:

Kapitel 18: Gemeinsames Lernen und Wachsen – Entwicklung als gemeinsamer Weg, nicht als Einzelreise

Es gibt eine unsichtbare Schwelle, die jedes Unternehmen irgendwann erreicht. Die Prozesse laufen, das Produkt funktioniert, das Team steht. Das Aussen wächst, das Innen wird ruhiger. Man hat geschafft, was man sich einmal vorgenommen hat – oder ist zumindest auf einem stabilen Kurs. Und genau in diesem Moment passiert etwas Seltsames: Das, was einst herausfordernd war, wird zur Routine. Das, was einst lebendig war, wird berechenbar. Und das, was einst verbunden hat, wird zur Gewohnheit.

Wenn eine Partnerschaft in diesem Moment nicht in Bewegung bleibt – innerlich –, beginnt sie zu stagnieren. Nicht sofort, nicht laut. Sondern langsam, fast unmerklich. Die Gespräche werden funktional. Die Entscheidungen formelhaft. Die Spannung, die früher produktiv war, wirkt plötzlich ermüdend. Und irgendwann fragt man sich: Wachsen wir eigentlich noch – oder verwalten wir nur das, was wir bereits aufgebaut haben?

Deshalb ist gemeinsames Lernen kein Luxus. Es ist eine Notwendigkeit. Eine lebendige Partnerschaft lebt nicht nur von geteilten Zielen, sondern von geteilter Entwicklung. Von zwei Menschen, die nicht nur miteinander arbeiten, sondern miteinander wachsen wollen. Die sich nicht nur fragen: Wie kommen wir gemeinsam voran? – sondern auch: Wie können wir besser werden – als Menschen, als Partner, als Unternehmer?

Wachstum beginnt mit der Bereitschaft zur Reflexion. Der Fähigkeit, innezuhalten. Sich zu fragen: Was haben wir in den letzten Monaten gelernt? Wo sind wir gereift? Wo haben wir uns wiederholt? Was waren unsere blinden Flecken? Was könnten wir anders machen – nicht im Aussen, sondern im Inneren? Diese Fragen brauchen Mut. Denn sie öffnen Räume, in denen es keine schnellen Antworten gibt. Räume, in denen man einander anders begegnet – nicht als Funktionsträger, sondern als Lernende. Als Menschen, die noch nicht fertig sind. Und genau darin liegt die Kraft: Eine Partnerschaft, in der beide sich eingestehen, dass sie nicht alles wissen, nicht alles können, nicht immer richtig liegen – wird zur Quelle tiefer Verbindung.

Doch Lernen in der Partnerschaft bedeutet nicht nur, sich selbst zu hinterfragen. Es bedeutet auch, den anderen zu sehen – in seinem Prozess. Und diesen Prozess nicht zu bewerten, sondern zu begleiten. Vielleicht entdeckt dein Partner gerade eine neue Seite an sich. Vielleicht entwickelt er sich in eine Richtung, die du noch nicht ganz verstehst. Vielleicht stellt er Fragen, die du dir selbst noch nie gestellt hast.

Hier entscheidet sich, ob ihr wirklich miteinander wachst – oder ob ihr nur parallel lebt. Kannst du neugierig bleiben? Kannst du fragen, statt zu urteilen? Kannst du aushalten, dass dein Partner sich verändert – und du vielleicht mitziehen musst? Gemeinsames Wachstum braucht Zeit – aber es beginnt im Alltag. In den kleinen Gesprächen nach einem schwierigen Meeting. In der Frage: Was hast du für dich mitgenommen? In der Bereitschaft, Bücher gemeinsam zu lesen, Seminare zu besuchen, Podcasts zu hören, sich über neue Ideen auszutauschen – nicht, weil man muss, sondern weil man will. Weil man sich gegenseitig inspiriert. Weil man spürt: Ich will nicht nur, dass unser Unternehmen besser wird – ich will, dass wir besser werden. Dazu gehört auch, Feedback zu geben – und zu empfangen. Nicht nur sachlich, sondern persönlich. Wie erlebst du mich in stressigen Phasen? Wo wirke ich unklar, dominant, ungeduldig? Wo ziehst du dich zurück, wo wünschst du dir mehr von mir? Diese Gespräche sind nicht leicht – aber sie sind Gold wert. Denn sie zeigen: Ich sehe dich. Und ich will, dass du mich auch siehst. Wachsen heisst auch: alte Muster hinter sich lassen. Viele Partnerschaften entwickeln über die Zeit festgefahrene Rollen. Der eine ist der Optimist, der andere der Realist. Der eine ist der Entscheider, der andere der Kritiker. Der eine denkt in Chancen, der andere in Risiken. Diese Muster geben Orientierung – aber sie engen auch ein. Wenn man zu lange in denselben Rollen bleibt, verliert man den Blick für das, was im anderen noch steckt. Und für das, was man selbst vielleicht entwickeln könnte.

Deshalb braucht es immer wieder die Frage: Sind wir noch die, die wir sein wollen – miteinander? Oder spielen wir nur noch eine eingespielte Choreografie? Wachstum heisst nicht, dass alles anders werden muss. Es heisst, dass man offen bleibt für Entwicklung. Dass man nicht erwartet, dass alles bleibt, wie es ist. Dass man einander nicht auf alte Versionen festlegt. Sondern die Erlaubnis gibt, sich zu verändern. Und manchmal heisst gemeinsames Wachsen auch: gemeinsam innezuhalten. Nichts zu tun. Nur zu sein. Zu atmen. Zu spüren, dass man schon weit gekommen ist. Und dass es gut ist, wie es gerade ist – auch wenn es morgen wieder anders sein darf. Eine Partnerschaft, in der Wachstum möglich ist, wird nicht nur unternehmerisch stark. Sie wird menschlich stark. Weil sie nicht auf Perfektion beruht – sondern auf Bewegung. Weil sie nicht das Bild des Anderen festhält – sondern Raum gibt. Weil sie nicht nur nach vorne schaut – sondern auch nach innen. Denn am Ende ist gemeinsames Lernen nicht die Voraussetzung für Erfolg. Es ist der eigentliche Erfolg.

Notizen:

Kapitel 19: Gemeinsame Rituale und emotionale Pflege der Beziehung – Nähe entsteht nicht von allein

In der Geschäftswelt zählt, was funktioniert. Zahlen, Fakten, Ergebnisse. Was keinen unmittelbaren Ertrag bringt, gerät leicht in den Hintergrund. Besonders dann, wenn der Alltag voller Meetings, Mails, Entscheidungen und Verantwortung ist. Doch während Umsätze sich messen lassen und Projekte planbar sind, gibt es eine Dimension, die sich der Logik entzieht – und dennoch alles durchdringt: die emotionale Qualität der Beziehung.

Partnerschaft ist mehr als Zusammenarbeit. Sie ist Beziehung. Und wie jede Beziehung lebt, sie nicht von funktionalen Abläufen, sondern von der Frage: Wie geht es uns – wirklich? Diese Frage stellt sich nicht von allein. Sie verlangt einen Rahmen. Eine Gewohnheit. Eine Pflege. Und genau hier kommen Rituale ins Spiel.

Rituale sind mehr als Abläufe. Sie sind wiederkehrende Handlungen mit Bedeutung. Sie strukturieren das Verbindende. Sie geben Orientierung, auch in stürmischen Zeiten. Sie erinnern an das, was oft vergessen wird: dass hinter aller Effizienz zwei Menschen stehen, mit Emotionen, Bedürfnissen, Sehnsüchten. Und dass es genau diese Ebene ist, die eine Partnerschaft nährt – oder langsam austrocknen lässt. Ein einfaches Beispiel: das wöchentliche Gespräch, bei dem nicht über Projekte, sondern über die Beziehung gesprochen wird. Zehn Minuten – regelmässig. Was war gut? Was war schwierig? Was ist unausgesprochen geblieben? Was wünsche ich mir vom anderen? Dieses Ritual mag unspektakulär wirken. Aber es verändert alles. Weil es verhindert, dass sich Groll ansammelt.

Weil es Nähe schafft, wo sonst nur Zweckkommunikation herrscht. Weil es Raum gibt für Echtheit – in einem Umfeld, das oft nur Leistung verlangt. Oder der bewusste Start in die Woche: nicht mit Zahlen, sondern mit einem kurzen Innehalten. Wo stehen wir gerade – jeder für sich, aber auch gemeinsam? Was bewegt uns jenseits des Operativen? Diese Momente verändern die Qualität der Beziehung. Sie verlangsamen, aber sie vertiefen. Sie machen die Arbeit nicht langsamer – sie machen sie tragfähiger.

Emotionale Pflege braucht nicht viel Zeit. Aber sie braucht Präsenz. Ein ehrlicher Blick. Eine Frage, die nicht zwischen Tür und Angel gestellt wird. Ein gemeinsamer Spaziergang, bei dem kein To-do besprochen wird. Ein offenes Gespräch bei einem Kaffee – nicht über Strategien, sondern über das, was innen geschieht. In vielen Partnerschaften verkümmern diese Räume. Nicht, weil kein Interesse da wäre. Sondern weil sie nicht bewusst geschützt werden. Die Tage füllen sich, die Wochen verfliegen, und irgendwann bleibt nur noch die Funktion. Man spricht, weil es nötig ist – nicht mehr, weil man will. Man arbeitet zusammen – aber man begegnet sich nicht mehr. Und das ist der Anfang vom Ende. Nicht laut. Nicht dramatisch. Sondern still. Leise. Durch Abwesenheit.

Rituale schaffen Gegenkraft. Sie halten die Tür offen. Sie verhindern, dass die Beziehung sich in der Routine verliert. Und sie sind ein Ausdruck von Wertschätzung: Du bist mir so wichtig, dass ich mir Zeit für unsere Beziehung nehme – nicht als Reaktion auf ein Problem, sondern als Ausdruck von Pflege. Pflege bedeutet hier: sich kümmern, bevor es wehtut. Nicht erst reden, wenn etwas schiefläuft. Nicht erst zuhören, wenn der andere explodiert. Sondern präsent sein. Wach sein. Interesse zeigen. Nicht aus Pflichtgefühl, sondern aus Verbindung. Denn genau das ist die Wahrheit: Beziehung wächst nicht aus Anstrengung – sondern aus aufrichtiger Aufmerksamkeit. Diese Rituale müssen nicht gross sein. Vielleicht ist es ein gemeinsames Mittagessen pro Woche, das nicht abgesagt wird. Vielleicht ein monatlicher Abend, an dem man nicht als Geschäftspartner, sondern als Menschen zusammensitzt. Vielleicht ein gemeinsames Rückblick-Ritual am Monatsende. Oder ein kurzer schriftlicher Check-in, den jeder für den anderen formuliert: Das war für mich wichtig in diesem Monat. Das wünsche ich mir für den nächsten.

Wichtig ist nicht die Form – sondern die Konstanz. Und die Bereitschaft, diese Rituale zu schützen. Denn es wird immer etwas geben, das „wichtiger" erscheint. Aber das Wichtigste bleibt: die Qualität der Beziehung. Sie entscheidet darüber, ob ein Unternehmen nur überlebt – oder lebt. Wer seine Partnerschaft pflegt, investiert in ihre Tiefe. Und diese Tiefe zahlt sich aus – nicht nur emotional, sondern ganz konkret: in Vertrauen, in Geschwindigkeit, in Resilienz. Denn ein Team, das sich wirklich kennt, wirklich hört, wirklich spürt, ist stärker als jede Checkliste. Und vielleicht ist das das Schönste an Ritualen: Sie holen uns zurück. Aus dem Kopf in den Kontakt. Aus der Strategie in die Beziehung. Aus dem Müssen ins Miteinander.

Denn Partnerschaft entsteht nicht von allein. Aber sie wächst – wenn man ihr Raum gibt.

Notizen:

Notizen:

Kapitel 20: Gemeinsame Werte als Orientierung in unruhigen Zeiten – Halt von innen, wenn es aussen wankt

Unternehmertum ist ein ständiger Tanz zwischen Stabilität und Veränderung. Märkte verändern sich, Teams kommen und gehen, Strategien müssen angepasst werden, Pläne werden überarbeitet. Inmitten dieser Bewegung ist es leicht, den Überblick zu verlieren. Entscheidungen müssen schnell getroffen werden. Chancen wirken plötzlich – und Risiken manchmal zu spät. Und genau in dieser Geschwindigkeit, in dieser Unsicherheit, in dieser Reibung braucht es einen inneren Halt. Dieser Halt kommt nicht aus der Struktur. Nicht aus dem Geschäftsmodell. Auch nicht aus Verträgen oder Plänen. Er kommt aus den Werten. Aus jenen tieferliegenden Überzeugungen, die sagen: Das ist für uns richtig. Das ist für uns falsch. Das ist unser Massstab – auch wenn andere es anders machen. Gemeinsame Werte sind das innere Rückgrat einer Partnerschaft. Sie sind der Filter, durch den Situationen gedeutet werden. Sie beantworten Fragen, die nicht mehr strategisch lösbar sind – sondern nur noch menschlich.

Sie entscheiden darüber, wie man miteinander umgeht, wenn der Druck steigt. Wie man über Menschen spricht, wenn niemand zuhört. Wie man Geld verdient – und wo man die Linie zieht. Doch das Problem ist: Werte werden oft nicht besprochen. Sie werden vorausgesetzt. Impliziert. „Wir sind doch auf einer Wellenlänge", sagen viele. Und meinen damit meist: Im Moment sehen wir die Dinge ähnlich. Doch das reicht nicht. Denn Ähnlichkeit ist keine Garantie. Und Annahmen sind keine Vereinbarungen. Werte brauchen Sprache. Sie brauchen ein gemeinsames Verstehen. Nicht in Floskeln wie „Transparenz", „Respekt" oder „Exzellenz" –

sondern in konkreten, gelebten Haltungen: Was heisst Ehrlichkeit für uns, wenn ein grosser Kunde betrogen werden könnte – aber niemand es merkt? Was heisst Vertrauen, wenn einer von uns einen schwerwiegenden Fehler gemacht hat? Was heisst Verantwortung, wenn ein Deal kurzfristig Geld bringt, langfristig aber Menschen schadet? Diese Fragen sind nicht philosophisch. Sie sind praktisch. Denn sie tauchen früher oder später in jedem Unternehmen auf. Und wenn es dann keine Klarheit gibt, entscheidet der lautere Partner. Oder der kurzfristige Vorteil. Oder der Druck. Und genau das ist der Moment, in dem eine Partnerschaft beginnt, sich selbst zu verlieren.

Deshalb braucht es gemeinsame Werte – nicht als Ideal, sondern als gelebte Basis. Als stilles Abkommen, das stärker ist als jede Strategie. Als Fundament, auf das man sich berufen kann, wenn alles andere schwankt. Werte zeigen sich nicht in Präsentationen, sondern im Alltag. In der Art, wie man mit Fehlern umgeht. In der Art, wie über Kunden gesprochen wird. In der Bereitschaft, Verantwortung zu übernehmen. In der Reaktion auf Versuchung. In der Konsequenz, Dinge zu tun – auch wenn sie niemand kontrolliert. Und genau deshalb ist es so entscheidend, dass beide Partner ihre eigenen Werte wirklich kennen – und offenlegen. Denn nur so kann ein echtes, gemeinsames Wertefundament entstehen. Oft merkt man erst im Gespräch, wie unterschiedlich die Prägungen sind. Für den einen ist Loyalität das höchste Gut, für den anderen Freiheit. Der eine glaubt an Verantwortung durch Strenge, der andere an Wachstum durch Vertrauen. Der eine empfindet Transparenz als selbstverständlich, der andere als Risiko. Diese Unterschiede sind kein Problem – wenn man sie erkennt. Dann kann man einander besser verstehen, kann Differenzen aushalten, kann bewusste Kompromisse schliessen. Aber wenn sie unbewusst bleiben, entstehen Missverständnisse. Man glaubt, der andere handle „falsch“, obwohl er nur einem anderen inneren Massstab folgt. Ein gemeinsamer Werteprozess bedeutet also: Wir reden über das, was uns wirklich wichtig ist. Wir benennen es. Wir einigen uns. Und wir machen es sichtbar – im Verhalten, nicht auf dem Papier. Das kann durch regelmässige Reflexionsgespräche geschehen. Oder durch bewusste Werte-Workshops. Oder durch das tägliche Fragen: War das, was wir entschieden haben, im Einklang mit dem, was uns wichtig ist?

Besonders in Krisen zeigt sich, wie stark ein gemeinsames Wertesystem ist. Wenn Geld fehlt. Wenn externe Angebote locken. Wenn etwas schiefgelaufen ist. Wenn das Vertrauen auf dem Spiel steht. Dann wird jeder Blick, jedes Wort, jede Entscheidung zu einem Prüfstein: Sind wir uns noch treu? Oder opfern wir unsere Werte für einen schnellen Ausweg? Starke Partnerschaften gehen genau hier nicht auseinander – sondern zusammen. Weil sie einen inneren Kodex haben, der hält. Der auch dann Orientierung gibt, wenn der Plan nicht greift. Der auch dann Richtung zeigt, wenn der Markt schweigt. Der auch dann Verbindung schafft, wenn man gerade nicht einer Meinung ist.

Ein Unternehmen ohne Werte ist manipulierbar. Eine Partnerschaft ohne Werte ist verwundbar. Doch eine Beziehung, die auf gemeinsamen, bewusst gelebten Werten ruht, wird über sich hinauswachsen. Denn diese Werte sind nicht einfach Prinzipien. Sie sind die Seele dessen, was man gemeinsam erschafft.

Notizen:

Notizen:

Kapitel 21: Die Kunst des Loslassens – Kontrolle abgeben, Vertrauen behalten

Wenn zwei Menschen ein Unternehmen aufbauen, dann ist da am Anfang oft diese unerschütterliche Energie: der Wille, alles selbst in die Hand zu nehmen. Entscheidungen, Aufgaben, Details – alles wird durchdacht, gestaltet, überprüft. Das Unternehmen ist wie ein Kind: schutzbedürftig, formbar, voller Möglichkeiten. Und wie Eltern greifen, die Gründer ein, korrigieren, optimieren, treiben an. Doch jedes Unternehmen wächst. Und mit diesem Wachstum kommt eine neue Herausforderung – eine, die oft schwerer ist als jede Strategie: das Loslassen. Die Fähigkeit, Verantwortung zu teilen. Kontrolle abzugeben. Dem anderen zu vertrauen – auch dann, wenn er es anders macht. Diese Kunst ist keine Schwäche. Sie ist der Beweis von Reife. Denn wer loslassen kann, zeigt: Ich vertraue dem Prozess. Ich vertraue dem Menschen. Und ich vertraue mir selbst genug, um nicht alles kontrollieren zu müssen.

In einer Partnerschaft ist diese Fähigkeit besonders wichtig – und besonders sensibel. Denn wenn einer loslässt, muss der andere übernehmen. Und das funktioniert nur, wenn beide die Übergabe als Angebot und nicht als Flucht verstehen. Loslassen heisst nicht: „Mach du, ich kann nicht mehr." Es heisst: „Ich sehe deine Stärke – und ich gebe dir Raum." Doch was so einfach klingt, ist oft schwer zu leben. Denn Loslassen bedeutet, Kontrolle aufzugeben. Und Kontrolle ist ein Grundbedürfnis – gerade für Unternehmer. Sie schafft Sicherheit, Überblick, Einfluss. Wer kontrolliert, fühlt sich stark. Und wer loslässt, riskiert – Fehler, Tempoverluste, andere Entscheidungen, Irrwege.

Deshalb entsteht oft ein innerer Konflikt: Man weiss, dass man delegieren sollte – aber man will nicht. Man sagt, man vertraue – aber man greift doch wieder ein. Man übergibt eine Aufgabe – und beobachtet im Hintergrund jeden Schritt. Nicht aus Misstrauen. Sondern aus Angst. Die Angst, dass etwas schiefgehen könnte. Dass der andere es nicht so macht, wie man es selbst tun würde. Dass das Ergebnis nicht dem eigenen Anspruch entspricht. Oder tiefer: die Angst, nicht mehr gebraucht zu werden.

Hier wird sichtbar, dass Loslassen kein technischer Akt ist. Es ist ein emotionaler Prozess. Eine Form der inneren Arbeit. Eine Auseinandersetzung mit der eigenen Rolle, mit dem eigenen Selbstbild. Und mit der Frage: Was bleibt von mir, wenn ich nicht alles selbst mache? In starken Partnerschaften wird genau dieser Prozess bewusst geführt. Man spricht darüber. Offen, ehrlich, ohne Scham. Man sagt: Ich merke, dass ich schwer loslassen kann – nicht, weil ich dir nicht traue, sondern weil es mir schwerfällt, Verantwortung abzugeben. Oder: Ich brauche noch ein Stück Sicherheit, um ganz loslassen zu können. Hilf mir, diesen Schritt bewusst zu gehen. Solche Gespräche schaffen Verbindung – und sie öffnen den Raum für Entwicklung. Denn Loslassen bedeutet nicht, die Kontrolle zu verlieren. Es bedeutet, bewusst zu entscheiden, wo Kontrolle nötig ist – und wo Vertrauen mehr bewirkt.

In der Praxis heisst das: Verantwortung klar zu übergeben – mit Kompetenz, mit Entscheidungsspielraum, mit Vertrauen. Und dann bewusst im Hintergrund zu bleiben. Feedback zu geben – ja. Unterstützend da zu sein – ja. Aber nicht einzugreifen, nicht zu korrigieren, nicht zu übersteuern, sobald der Weg anders verläuft, als man es selbst gewählt hätte.

Loslassen heisst auch: Raum lassen für andere Stile. Vielleicht arbeitet dein Partner strukturierter. Oder intuitiver. Oder langsamer. Oder riskanter. Solange das Ziel geteilt wird, darf der Weg verschieden sein. Unterschiedliche Wege sind kein Widerspruch – sie sind Vielfalt. Besonders heilsam ist Loslassen dann, wenn es in beide Richtungen funktioniert. Wenn nicht immer nur einer der Macher und der andere der Mitläufer ist. Sondern wenn beide bereit sind, mal zu führen – und mal zu vertrauen. Eine lebendige Partnerschaft wechselt in Rollen. Sie balanciert – mal sichtbar, mal intuitiv. Sie gibt Verantwortung nicht nur weiter – sie nimmt sie auch wieder zurück, wenn es sinnvoll ist. Und manchmal bedeutet Loslassen auch, eigene Fehler stehen zu lassen. Nicht sofort zu reparieren, nicht zu relativieren, nicht zu verdecken. Sondern zu sagen: Ich habe das entschieden – und es war nicht ideal. Ich lerne daraus. Das ist vielleicht die höchste Form des Loslassens: nicht nur gegenüber dem Partner, sondern gegenüber dem eigenen Ego. Denn Kontrolle ist oft ein Schutz. Und Loslassen ist Mut. Mut, den anderen wachsen zu lassen. Mut, selbst innerlich weiterzugehen. Mut, nicht mehr alles zu wissen, alles zu lenken, alles zu tragen – sondern gemeinsam zu gehen. In einer reifen Partnerschaft wird dieses Loslassen zur Kraft. Weil es nicht bedeutet, sich zu entfernen – sondern einander Platz zu machen. Für Entwicklung. Für neue Ideen. Für Entlastung. Für Vertrauen. Und wenn das gelingt, entsteht etwas Besonderes: Eine Partnerschaft, in der beide nicht durch Kontrolle verbunden sind – sondern durch die Freiheit, der andere sein zu dürfen, wie er ist. Denn die grösste Nähe entsteht oft genau dort, wo man einander loslässt – und doch bleibt.

Notizen:

Kapitel 22: Umgang mit Erfolg – Gemeinsam wachsen, nicht auseinanderdriften

Erfolg – das grosse Ziel. Das, worauf so viele hinarbeiten. Umsatz, Wachstum, Sichtbarkeit, Marktanteile, Anerkennung. Manchmal dauert es Jahre, bis er eintritt. Manchmal kommt er schneller, als man erwartet. Und manchmal kommt er in einer anderen Form, als man ihn sich vorgestellt hat. Aber immer verändert er etwas. Nicht nur im Aussen – auch im Inneren. Denn Erfolg ist nicht nur Bestätigung. Er ist auch Prüfung. Und in einer Partnerschaft zeigt sich gerade im Erfolg, wie stabil die Verbindung wirklich ist. Viele denken, dass Krisen der wahre Test einer Beziehung seien – doch oft ist es der plötzliche Aufwind, der Spannungen erzeugt, die zuvor nicht sichtbar waren. Wenn Erfolg eintritt, verschieben sich Rollen. Plötzlich steht einer im Rampenlicht. Er wird eingeladen, zitiert, gefeiert. Der andere wirkt nach aussen weniger präsent – auch wenn er genauso viel beigetragen hat. Man beginnt, unbewusst zu vergleichen. Wer bekommt mehr Anerkennung? Wer wird als der „wahre Kopf" gesehen? Wem wird mehr zugetraut? Und selbst wenn diese Gedanken nicht ausgesprochen werden – sie wirken. Leise, aber tief. Erfolg bringt Macht mit sich. Und wo Macht auftaucht, kommt auch Ego ins Spiel. Der Wunsch, gesehen zu werden. Die Angst, nicht mehr gleichwertig zu sein. Die Versuchung, sich abzugrenzen. Oder umgekehrt: sich anzupassen, aus Unsicherheit. Genau hier braucht es Bewusstsein. Und vor allem: Gespräch. Wie geht es dir gerade mit dem, was aussen über uns gesagt wird? Fühlst du dich gesehen – oder stehst du im Schatten? Wächst du innerlich mit dem Erfolg – oder überrollt er dich?

Diese Fragen stellen sich nicht von allein. Sie müssen bewusst eingeladen werden. Denn Erfolg betäubt. Er lenkt ab. Er erzeugt einen Rausch – durch Applaus, Aufmerksamkeit, Umsatz. Und in diesem Rausch geht oft das verloren, was die Partnerschaft gross gemacht hat: das tiefe, gemeinsame Sehen. Die Dankbarkeit. Die stille Koordination. Die geteilte Verantwortung.

Ein weiterer Aspekt ist der Umgang mit Geld. Plötzlich ist mehr davon da. Mehr Möglichkeiten. Mehr Wünsche. Mehr Interpretationsspielraum. Und mit ihm kommen Fragen: Wer hat welchen Anteil am Erfolg? Wie verteilen wir Gewinne? Welche Investitionen sind uns wichtig? Was gönnen wir uns – und wieviel davon gemeinsam? Auch hier zeigt sich: Ohne klare, vorher besprochene Werte und Strukturen beginnt Erfolg zu trennen. Nicht sichtbar – aber spürbar. Der eine will expandieren, der andere stabilisieren. Der eine will reinvestieren, der andere auszahlen. Der eine will feiern, der andere zweifelt noch. Was vorher leicht war, wird plötzlich konfliktbeladen – nicht, weil man sich nicht mehr versteht, sondern weil der Erfolg neue Seiten freilegt.

In solchen Phasen ist es entscheidend, innezuhalten. Sich nicht mitreissen zu lassen. Sondern bewusst zu reflektieren: Was hat uns hierhergebracht – und was darf sich verändern, ohne dass wir uns verlieren? Erfolg darf verändern. Aber er sollte nicht entfremden. Und genau das braucht Pflege.

Ein kraftvolles Ritual in Zeiten des Erfolgs ist das gemeinsame Anerkennen: Ich sehe, was du beigetragen hast. Ich bin dankbar, mit dir hier zu stehen. Ich weiss, dass ich diesen Weg nicht allein gegangen bin. Solche Sätze sind keine Floskeln – sie sind Bindung. Sie schaffen Augenhöhe, wo Leichtes schnell zur Konkurrenz wird. Sie öffnen das Herz – gerade dann, wenn das Aussen ablenkt.

Erfolg ist auch eine Chance, gemeinsam zu wachsen – nicht nur als Unternehmer, sondern als Menschen. Was machen wir mit dem Erfolg? Welcher Mensch wollen wir damit sein? Welche Verantwortung ergibt sich daraus? Welche neuen Felder öffnen sich – und wie betreten wir sie gemeinsam? Eine Partnerschaft, die Erfolg integrieren will, braucht ein gemeinsames Warum. Ein Sinn jenseits von Zahlen. Etwas, das tiefer liegt: eine Vision, eine Mission, eine Idee davon, was das Ganze bedeuten soll. Denn wenn der Sinn fehlt, wird Erfolg zur Last. Er erzeugt Druck, Gier, Vergleich. Wenn aber der Sinn klar ist, wird Erfolg zum Werkzeug – nicht zur Gefahr.

Und manchmal bedeutet Umgang mit Erfolg auch: bewusste Entschleunigung. Sich nicht treiben lassen. Nein sagen zu Angeboten, die nicht zur Identität passen. Die eigene Linie nicht verlieren. Sich gegenseitig daran erinnern, wer man war – bevor der Applaus kam. Denn der grösste Verlust im Erfolg ist nicht, das Ziel zu verfehlen. Es ist, sich selbst oder den anderen nicht mehr zu erkennen.

Eine starke Partnerschaft wird durch Erfolg nicht auseinandergerissen. Sie wird durch ihn geprüft – und oft noch tiefer verbunden. Weil beide erkennen: Wir tragen das gemeinsam. Wir bleiben wach. Wir bleiben offen. Wir bleiben verbunden – nicht trotz des Erfolgs, sondern gerade deshalb. Denn wahrer Erfolg trennt nicht. Er vertieft.

Notizen:

Notizen:

Kapitel 23: Die Beziehung zum Team – Gemeinsame Führung mit einer Stimme

Ein Unternehmen ist nicht einfach ein System von Aufgaben, Produkten und Prozessen. Es ist ein lebendiger Organismus – ein Gefüge aus Beziehungen, Stimmungen, Energien. Und im Zentrum dieses Gefüges stehen die Menschen, die es tragen: das Team. Sie spüren, noch bevor es messbar wird, ob ein Unternehmen gesund ist. Ob die Richtung klar ist. Ob sie Teil von etwas Grösserem sind – oder bloss Rädchen in einer Maschine.

Und das, was diesen inneren Zustand eines Unternehmens mehr prägt als jede Strategie, jede interne Schulung oder jeder Leitfaden, ist die Beziehung der Gründer oder Geschäftsführer zueinander. Denn sie ist Vorbild. Spiegel. Klima. Das Team beobachtet nicht nur, was entschieden wird – sondern wie. Es hört, wie gesprochen wird – nicht nur über Kunden, sondern über den anderen Partner. Es merkt, ob eine Entscheidung von beiden getragen wird – oder ob sie das Ergebnis eines Kompromisses ist, der in Wahrheit Misstrauen verdeckt. Es spürt, ob dort oben Einigkeit herrscht – oder stille Spannung.

Und genau deshalb ist die Beziehung zum Team untrennbar mit der Beziehung zwischen den Partnern verbunden. Wer gemeinsam führt, führt nicht nur Aufgaben. Er führt ein Feld. Eine Atmosphäre. Ein Wertesystem. Und dieses Feld wird durch das geprägt, was unausgesprochen zwischen den Führungspersönlichkeiten wirkt. Deshalb ist gemeinsame Führung mit einer Stimme nicht nur ein Kommunikationsziel – es ist eine Haltungsfrage. Eine Entscheidung: Wir stehen füreinander ein. Wir tragen gemeinsam. Wir sind zwei – aber wir senden eins.

Das bedeutet nicht, dass man immer einer Meinung sein muss. Im Gegenteil: Unterschiedliche Sichtweisen, gesunde Diskussionen, produktive Spannung sind wertvoll. Aber sie brauchen den richtigen Ort. Das Team ist nicht der Raum für Auseinandersetzungen zwischen Partnern. Es ist der Raum für Klarheit. Für Orientierung. Für Verlässlichkeit. Starke Partner sprechen Differenzen intern aus – ehrlich, direkt, respektvoll. Und erst wenn die Entscheidung gereift ist, wird sie gemeinsam nach aussen getragen. Mit gemeinsamer Sprache. Mit gemeinsamer Verantwortung. Ohne Zwischentöne. Ohne den subtilen Hinweis: Eigentlich war das seine Idee. Oder: Ich hätte es anders gemacht. Denn genau solche Sätze säen Zweifel. Nicht nur über die Entscheidung – sondern über das System. Ein Team, das spürt, dass die Spitze nicht geeint ist, verliert die Sicherheit. Es beginnt, sich zu positionieren. Loyalitäten entstehen, auch ungewollt: Der eine Mitarbeiter orientiert sich stärker an Partner A, der andere an Partner B. Plötzlich gibt es Strömungen, Reibung, Konflikte. Nicht, weil das Team schlecht ist – sondern weil das Führungspaar nicht klar ist.

Doch gemeinsame Führung bedeutet mehr als nur abgestimmte Kommunikation. Sie bedeutet auch: eine geteilte Haltung zum Team selbst. Was bedeutet gute Führung für uns? Wie gehen wir mit Fehlern um? Wie viel Verantwortung geben wir ab – und wieviel Kontrolle behalten wir? Wie gehen wir mit Leistung, mit Kritik, mit Entwicklung um?

Wenn hier keine gemeinsame Linie besteht, wird das Team orientierungslos. Die Mitarbeiter wissen nicht, was zählt. Sie erleben Ambivalenz. Und Ambivalenz ist der Beginn von innerem Rückzug. Menschen brauchen Klarheit – nicht Härte, aber Richtung. Und sie brauchen das Gefühl, dass diese Richtung aus einer gemeinsamen Quelle kommt.

Deshalb braucht es regelmässige Abstimmung. Nicht nur über Ziele, sondern über Führung. Über Kultur. Über Sprache. Über Verhalten. Wie wollen wir gemeinsam wahrgenommen werden? Welche Botschaften senden wir? Welche Rollen nehmen wir ein – bewusst? Und wo widersprechen wir einander unbewusst? Diese Reflexion braucht Zeit – aber sie zahlt sich aus. Denn sie verhindert das, was viele wachsende Unternehmen zerstört: Unsicherheit. Wenn das Team nicht weiss, wer entscheidet, wer wofür zuständig ist, wer auf wessen Seite steht – dann beginnt es zu manövrieren. Dann wird Energie verschwendet – nicht für die Sache, sondern für das System.

Eine Partnerschaft, die nach aussen mit einer Stimme spricht, erzeugt Vertrauen. Sie schafft ein Klima von Stabilität – auch wenn es innen manchmal stürmt. Und sie erlaubt dem Team, sich auf das Wesentliche zu konzentrieren: auf die gemeinsame Aufgabe. Aber auch das Gegenteil ist wahr: Das Team kann zur Ressource für die Partnerschaft werden. Mitarbeiter, die gut geführt werden, spiegeln auch der Führung zurück, wo Stärke ist – und wo Entwicklungspotenzial liegt. Eine offene Kultur, in der Feedback nicht nur von oben nach unten fliesst, sondern auch zwischen den Ebenen zirkuliert, hilft dabei, blinde Flecken zu erkennen. Und diese Feedbackfähigkeit beginnt oben. In der Art, wie die Partner einander zuhören. Wie sie über sich selbst sprechen. Wie sie sich korrigieren – sichtbar, souverän, menschlich. Denn am Ende ist das Team nicht nur Empfänger von Führung – es ist Mitgestalter der Realität. Und diese Realität wird durch Vorbild geschaffen.

Führen mit einer Stimme bedeutet also nicht, sich anzugleichen. Sondern sich abzustimmen. Nicht Gleichklang – sondern Einklang. Nicht Kontrolle – sondern Koordination. Nicht Einheitlichkeit – sondern Verbundenheit.

Wenn das gelingt, entsteht eine Kultur, die trägt. Eine Kultur, die Spannungen erlaubt, ohne destabilisiert zu werden. Eine Kultur, in der Menschen sich sicher fühlen – weil sie wissen: Ob A oder B spricht – sie stehen füreinander ein. Und sie stehen für uns.

Notizen:

Notizen:

Kapitel 24: Gemeinsamer Umgang mit Scheitern und Niederlagen – Wenn Dinge nicht nach Plan laufen

Es gibt Phasen, in denen alles zu gelingen scheint. Der Markt reagiert positiv, Kunden sind begeistert, das Team funktioniert, neue Ideen tragen Früchte. Die Energie ist hoch, das Vertrauen in die eigenen Fähigkeiten wächst, und das Gefühl entsteht: Wir sind auf dem richtigen Weg. Doch dieser Weg ist nicht linear. Er ist nie nur ein Steigflug. In jedem unternehmerischen Leben – und in jeder Partnerschaft – gibt es Momente, in denen etwas scheitert. Ein Produkt floppt. Eine Investition geht verloren. Ein Kunde springt ab. Ein Team bricht auseinander. Oder schlimmer: Man selbst trifft eine Entscheidung, die sich als schwerwiegender Fehler entpuppt. In solchen Momenten ändert sich die Stimmung schlagartig. Euphorie weicht Enttäuschung. Sicherheit wird zu Zweifel. Stolz verwandelt sich in Scham. Und genau hier beginnt die eigentliche Prüfung einer Partnerschaft.

Denn Niederlagen stellen nicht nur das Unternehmen auf die Probe. Sie stellen auch die Beziehung zwischen den Partnern in Frage. Wer trägt die Verantwortung? Wer hätte es sehen müssen? Wer hat zu spät gewarnt – oder zu früh entschieden? Plötzlich stehen unausgesprochene Erwartungen im Raum. Groll. Enttäuschung. Manches davon alt. Manches durch den Schmerz jetzt erst bewusst. Der erste Reflex vieler Menschen in solchen Momenten ist Rückzug – oder Angriff. Manche schweigen, weil sie nicht verletzen wollen. Andere kritisieren, weil sie nicht verletzt werden wollen. Manche versuchen zu reparieren, zu beschwichtigen, zu überspielen. Und wieder andere flüchten sich in Aktionismus, um nicht fühlen zu müssen, dass gerade etwas zerbrochen ist. Doch all das hilft nicht. Scheitern will durchlebt werden – nicht um seiner selbst willen, sondern weil es der einzige Weg ist, zu verstehen, was wirklich geschehen ist. Und das gelingt nur gemeinsam. Wenn man bereit ist, nebeneinander zu stehen – im Schmerz. Nicht als Gegner. Nicht als Richter. Sondern als Mitverantwortliche. Der wichtigste Schritt in der gemeinsamen Bewältigung von Niederlagen ist das Anerkennen. Nicht das Beschönigen, nicht das Rechtfertigen. Sondern der mutige Satz: Es ist schiefgegangen. Und wir sind mittendrin. Dieser Satz öffnet die Tür – zu Ehrlichkeit, zu Verantwortung, zu echter Verarbeitung.

Anerkennen heisst nicht, Schuld zu verteilen. Es heisst, Verantwortung zu übernehmen – jeder für seinen Teil. Ohne sich kleiner zu machen, als man ist. Und ohne den anderen zu beschuldigen. Es heisst auch: anzuerkennen, dass Scheitern Teil des Spiels ist. Dass es nicht die Ausnahme ist – sondern die Regel jedes unternehmerischen Wachstums. Gerade in diesen Momenten ist das Vertrauen zwischen den Partnern entscheidend. Nicht das Vertrauen, dass der andere „alles im Griff" hat – sondern das Vertrauen, dass man zusammen durchgehen kann, ohne sich zu verlieren. Dass die Beziehung nicht an einem Fehler zerbricht. Dass Ehrlichkeit nicht zur Gefahr, sondern zur Brücke wird.

Dazu gehört auch die Fähigkeit, sich gegenseitig zu halten – emotional. Vielleicht ist einer der Partner stärker getroffen. Vielleicht fühlt er sich schuldig, beschämt, verunsichert. Hier braucht es keine schnellen Lösungen. Hier braucht es Präsenz. Zuhören. Das Angebot: Ich bin da – nicht, weil du perfekt bist, sondern weil wir gemeinsam diesen Weg gehen. Und auch umgekehrt: Wer selbst im Schmerz ist, darf ihn zeigen. Ohne Fassade. Ohne Schutzmechanismus. Denn nur, wenn beide ehrlich sind – auch mit ihrer Verletzlichkeit –, kann sich das Vertrauen vertiefen. Scheitern ist dann kein Trennungsgrund, sondern ein Erkenntnisraum. Ein weiterer zentraler Aspekt ist das Lernen. Was genau ist geschehen? Welche Annahmen haben sich als falsch erwiesen? Welche Muster haben uns in diese Situation geführt? Und: Was brauchen wir, um nicht nur daraus zu lernen, sondern wirklich zu wachsen? Diese Reflexion gelingt nur, wenn Schuld nicht im Raum steht wie ein Damoklesschwert. Wenn beide wissen: Wir dürfen Fehler machen – solange wir bereit sind, daraus zu lernen. Dieses Klima ist kein Zufall. Es entsteht aus der Haltung: Wir sind nicht nur Geschäftspartner. Wir sind Entwicklungspartner. Und schliesslich: Vergebung. Nicht als leere Geste, sondern als bewusste Entscheidung. Dem anderen zu vergeben, dass er falsch lag. Sich selbst zu vergeben, dass man nicht früher gesehen hat, was sich anbahnt. Vergebung ist kein Vergessen. Sie ist ein Loslassen. Ein Neuanfang. Sie sagt: Ich sehe den Fehler – aber ich halte an unserer Verbindung fest.

In einer reifen Partnerschaft ist das Scheitern nicht das Ende. Es ist ein vertiefender Moment. Ein Moment der Wahrheit. Und manchmal ist genau dieser Moment der Beginn einer neuen Qualität: mehr Demut, mehr Tiefe, mehr Menschlichkeit. Man versteht sich danach anders. Vielleicht stiller. Vielleicht klarer. Vielleicht verbundener. Denn am Ende geht es nicht darum, immer richtig zu liegen. Es geht darum, gemeinsam zu stehen – auch wenn es wankt. Scheitern ist kein Bruch, wenn man sich nicht fallen lässt. Es ist der Beginn einer neuen Stufe – wenn man sich gegenseitig hebt.

Notizen:

Notizen:

Kapitel 25: Wenn die Lebenswege auseinandergehen – Partnerschaft beenden, ohne alles zu verlieren

Es gibt einen leisen Moment in jeder Partnerschaft, der mehr wiegt als die lautesten Auseinandersetzungen. Es ist der Moment, in dem sich die Frage in den Raum schiebt: Gehen wir wirklich noch denselben Weg? Oft kommt sie nicht als Satz, sondern als Gefühl. Eine innere Distanz. Eine andere Frequenz im Gespräch. Ein wachsendes Missverständnis, das sich nicht mehr mit einem Gespräch glätten lässt. Und manchmal ist es auch sehr konkret: unterschiedliche Lebensziele, sich verändernde Prioritäten, persönliche Umstände, ein Burnout, neue Interessen, familiäre Verpflichtungen, eine neue Geschäftsidee oder einfach die Erkenntnis, dass das Gemeinsame sich erfüllt hat – und es Zeit ist, loszulassen. Das Ende einer geschäftlichen Partnerschaft ist selten einfach. Selbst wenn es von beiden Seiten gewollt ist, bleibt es ein Abschied. Nicht nur von einem Vertrag. Sondern von einer Phase des Lebens. Von einer Verbindung, die getragen hat. Von einer Dynamik, die gewachsen ist. Von einem „Wir“, dass man nicht einfach in Zahlen, Rollen oder Beteiligungen auflösen kann.

Und doch ist genau dieser Moment – wenn er bewusst und würdevoll gestaltet wird – einer der reifsten Schritte, die zwei Unternehmer gehen können. Denn in diesem Moment entscheidet sich, ob man nicht nur gut zusammenarbeiten, sondern auch gut auseinandergehen kann. Der erste Schritt ist immer das Eingeständnis. Nicht voreilig, nicht dramatisch – sondern ehrlich. Ein Satz wie: Ich spüre, dass ich mich verändere. Ich spüre, dass unser Weg sich teilt. Nicht, weil ich dich nicht mehr wertschätze – sondern weil ich mich selbst an einem anderen Punkt sehe. Solche Sätze sind schwer. Aber sie öffnen. Sie machen es möglich, dass das Ende nicht als Angriff, sondern als Einladung zum ehrlichen Gespräch verstanden wird. Denn der wahre Schmerz beginnt nicht mit dem Aussprechen – sondern mit dem Schweigen. Wenn Dinge unausgesprochen bleiben, verwandeln sie sich in Frustration, in Rückzug, in Misstrauen. Die Verbindung stirbt nicht durch den Abschied – sondern durch das Vermeiden des Abschieds. Deshalb ist Klarheit der Schlüssel. Und diese Klarheit beginnt nicht mit rechtlichen Schritten, sondern mit emotionaler Aufrichtigkeit. Was war gut? Was hat uns getragen? Was ist vorbei? Wovor haben wir Angst – beim Gehen oder beim Bleiben? Und: Was wollen wir bewahren, auch wenn sich die Form verändert?

Ein würdevoller Ausstieg bedeutet, sich nicht aus Wut oder Müdigkeit zu verabschieden, sondern aus Bewusstsein. Nicht im Streit – sondern im Dialog. Nicht, weil man den anderen ablehnt – sondern weil man sich selbst treu bleiben will. Das bedeutet nicht, dass der Prozess schmerzfrei ist. Jeder Abschied berührt Verlust. Das gemeinsame Unternehmen war nicht nur eine Sache – es war Teil der Identität. Und wenn diese Form sich auflöst, stellt sich unweigerlich die Frage: Wer bin ich ohne dieses Wir?

Diese Frage ist wichtig. Sie darf Raum bekommen. Und sie verdient Respekt. Denn sie zeigt: Die Partnerschaft war bedeutend. Und weil sie das war, ist es jetzt umso wichtiger, sie nicht durch ein schlechtes Ende zu entwerten. Ein bewusster Trennungsprozess beinhaltet mehrere Ebenen:

1. Die emotionale Ebene:

Der Austausch über das Erlebte. Die Anerkennung des gemeinsam Geschaffenen. Das Aussprechen von Dank, vielleicht auch von

Enttäuschung. Die Erlaubnis zur Trauer – und zur Hoffnung auf einen neuen Anfang.

2. Die operative Ebene:

Die Übergabe von Aufgaben, die Klärung von Zuständigkeiten, das geordnete Zurückfahren der Zusammenarbeit. Der respektvolle Umgang mit Mitarbeitern, die Orientierung brauchen. Eine klare Kommunikation nach aussen – ruhig, ehrlich, einheitlich.

3. Die rechtlich-finanzielle Ebene:

Verträge prüfen, Beteiligungen klären, Werte bewerten. Faire Lösungen finden, auch wenn es schwerfällt. Nicht aus Angst, sondern aus Fairness. Nicht mit Kalkül, sondern mit Haltung. Denn Geld kann man ersetzen. Würde nicht.

4. Die menschliche Ebene:

Ein letzter gemeinsamer Blick zurück – und einer nach vorn. Die Frage: Wie wollen wir in Erinnerung bleiben – nicht nur bei anderen, sondern bei uns selbst? Denn so wie ein Unternehmen eine Gründungskultur hat, sollte es auch eine Abschiedskultur haben. Eine Haltung, die sagt: Wir waren verbunden. Und diese Verbindung war wertvoll. Und sie endet nicht, weil wir versagt haben – sondern weil das Leben in Phasen fliesst. Manche Partnerschaften erleben sogar später ein neues Kapitel. Als Freunde. Als Mentoren. Als Investoren. Als Menschen, die einander etwas gegeben haben – und dafür nicht auf ewig im selben Projekt bleiben müssen.

Wichtig ist: Auseinanderzugehen heisst nicht, sich zu verlieren. Wenn die Verbindung auf Echtheit beruhte, bleibt etwas bestehen. Und manchmal ist das, was bleibt, sogar stärker als das, was man gemeinsam aufgebaut hat: Respekt. Dankbarkeit. Wechselseitige Anerkennung. Denn am Ende ist nicht entscheidend, wie lange eine Partnerschaft gedauert hat. Sondern wie bewusst sie geführt – und wie würdevoll sie beendet wurde. Nicht jedes Wir ist für immer. Aber jedes Wir verdient ein echtes Ende.

Notizen:

Notizen:

Kapitel 26: Rückblick und Integration – Was eine Partnerschaft uns über uns selbst lehrt

Eine geschäftliche Partnerschaft ist nicht nur ein berufliches Modell. Sie ist ein Spiegel. Ein Lernraum. Ein Beziehungslabor. Wer über Jahre hinweg mit einem anderen Menschen Seite an Seite ein Unternehmen aufbaut, führt nicht nur ein Projekt – er führt sich selbst durch eine ununterbrochene Konfrontation mit seinen Stärken, seinen Schwächen, seinen Mustern, Ängsten, Hoffnungen und Grenzen. Und irgendwann, ob nach Jahren oder Jahrzehnten, kommt der Moment, an dem man zurückblickt. Nicht auf Zahlen. Nicht auf Marktanteile oder Exits. Sondern auf das, was diese gemeinsame Reise in einem selbst bewegt hat. Was hat sich verändert – in meinem Denken, meinem Fühlen, meinem Handeln? Wie hat mich dieser Mensch, mit dem ich so eng verbunden war, herausgefordert? Wozu hat er mich gezwungen – bewusst oder unbewusst? Was durfte ich durch ihn lernen, was ich allein vielleicht nie erkannt hätte?

In jeder Partnerschaft gibt es diese unsichtbaren Lektionen. Der eine lernt, mutiger zu werden – weil der andere ihn immer wieder ins Handeln zieht. Der andere lernt, zuzuhören – weil er merkt, dass er sonst Verbindung verliert. Man lernt, sich zu positionieren, ohne zu zerstören. Man lernt, zu verzeihen, ohne zu vergessen. Man lernt, Schwäche zuzulassen – und merkt, dass sie einen nicht kleiner, sondern tiefer macht. Vielleicht hat die Partnerschaft auch Seiten gezeigt, die man vorher nicht kannte: Wie schnell man sich verteidigt. Wie sehr man sich beweisen will. Wie tief das Bedürfnis ist, gesehen und anerkannt zu werden. Vielleicht hat man entdeckt, dass man oft zu viel kontrolliert. Oder dass man sich zu schnell anpasst. Oder dass man mehr braucht, als man sich lange eingestanden hat. Und genau das ist die wahre Grösse einer Partnerschaft: Dass sie uns nicht nur hilft, etwas zu tun – sondern auch, uns selbst zu erkennen. Eine gute Partnerschaft verändert nicht nur die berufliche Realität – sie verändert das Selbstbild. Sie fordert dazu heraus, zu wachsen. Nicht im äusseren Sinne. Sondern innerlich. Reifer zu werden. Klarer. Freier.

Denn um mit einem anderen Menschen auf Dauer verbunden zu bleiben – in Entscheidungsprozessen, in Konflikten, in Verantwortung – muss man sich selbst immer wieder neu begegnen. Man muss bereit sein, sich zu hinterfragen, sich zu reflektieren, sich zu verändern. Und das gelingt nur, wenn man den anderen nicht als Störfaktor begreift, sondern als Spiegel: Was löst er in mir aus? Und warum? Was sagt das über mich – nicht über ihn?

Diese Art der Integration geschieht nicht automatisch. Sie braucht Stille. Zeit. Rückschau. Und manchmal auch Schmerz. Denn im Rückblick wird deutlich, wo man sich verraten hat. Wo man zu lange geschwiegen hat. Wo man nicht den Mut hatte, sich zu zeigen. Aber auch: wo man über sich hinausgewachsen ist. Wo man Kraft gefunden hat, die man nie gesucht hätte. Wo man für den anderen da war – aus echter Verbundenheit, nicht aus Pflicht.

Vielleicht ist das grösste Geschenk einer solchen Partnerschaft nicht das Unternehmen, das entstanden ist. Sondern der Mensch, der man durch sie geworden ist. Und vielleicht ist genau das die tiefe Wahrheit hinter allen Erfolgsmodellen, Führungsstrategien und Partnerschaftskonzepten: Am Ende geht es nicht nur darum, was wir gemeinsam schaffen. Sondern, was wir einander möglich machen – im Inneren. Eine echte Partnerschaft ist immer auch ein spiritueller Raum. Ein Raum, in dem Entwicklung geschieht. Nicht linear. Nicht planbar. Aber real. Und dauerhaft. Im Rückblick wird sichtbar, wie viele kleine Momente dafür entscheidend waren: ein Gespräch, das Mut kostete. Ein Verzicht, der Verbindung stärkte. Ein Fehler, der vergeben wurde. Eine Pause, die Verständnis ermöglichte. All das formt uns – und bleibt in uns.

Und wenn der Blick klarer wird, wenn das Tempo nachlässt, wenn die Ruhe einkehrt, dann bleibt nicht nur eine unternehmerische Biografie.

Dann bleibt Dankbarkeit.

Für das, was war. Für das, was möglich wurde. Für das, was geblieben ist – im eigenen Wesen, im Innersten, jenseits aller Rollen. Denn am Ende geht es nicht darum, ob man alles richtig gemacht hat. Sondern darum, ob man durch das Gemeinsame ein Stück mehr sich selbst gefunden hat.

Notizen:

Notizen:

Kapitel 27: Die Kraft des zweiten Anfangs – Neue Formen der Zusammenarbeit entdecken

Es gibt Partnerschaften, die über Jahre hinweg ein Unternehmen aufbauen, wachsen lassen, Krisen durchstehen und Erfolge feiern. Und dann kommt der Moment, in dem etwas nicht mehr passt. Nicht abrupt. Nicht zerstörerisch. Sondern leise. Wie ein inneres Wissen: Die bisherige Form ist nicht mehr stimmig.

Was nun folgt, ist oft eine Weggabelung: die Entscheidung, sich zu trennen – oder den Mut zu finden, die Partnerschaft neu zu gestalten. Nicht aus Trotz. Nicht aus nostalgischer Loyalität. Sondern aus der ehrlichen Erkenntnis: Die Verbindung bleibt – aber sie braucht eine neue Form.

Diese Art von Neuanfang ist anspruchsvoll. Denn sie verlangt etwas, das selten geübt wird: das Loslassen einer alten Version der Beziehung – ohne den Menschen loszulassen. Es bedeutet, die bisherigen Rollen zu reflektieren: Wer war ich für dich? Wer warst du für mich? Was hat getragen – und was hat gehemmt? Was darf bleiben – und was muss gehen?

Manche Partnerschaften entscheiden sich in solchen Momenten für eine neue Form der Zusammenarbeit: weniger operativ, dafür beratend. Weniger täglich, dafür punktuell mit grosser Wirkung. Weniger symmetrisch, dafür bewusst ergänzend. Vielleicht bleibt man als Beirat verbunden. Vielleicht wechselt einer in eine strategische Rolle. Vielleicht entwickelt man neue Projekte nebeneinander – nicht mehr miteinander, aber mit wechselseitigem Respekt.

Der zweite Anfang ist kein Rückschritt. Er ist eine Reifung. Eine Form von Klarheit, die aus Erfahrung geboren wird. Eine neue Ebene der Beziehung – weniger von Notwendigkeit getrieben, mehr von Wahl.

Aber dieser Wandel geschieht nicht von allein. Er braucht Gespräch. Tiefe. Zeit. Und vor allem: die Bereitschaft, einander in einer neuen Rolle zu begegnen. Ohne alte Ansprüche. Ohne subtile Erwartungen. Ohne alte Machtmuster.

Ein zweiter Anfang ist dann möglich, wenn beide Seiten innerlich Abschied genommen haben vom ersten Kapitel – ohne es abzuwerten. Wenn man nicht mehr versucht, das Alte zu retten – sondern das Neue zu gestalten. Es ist wie in einer Freundschaft, die nach einer intensiven Phase des Lebens eine neue Form findet: weniger regelmässig, aber nicht weniger bedeutsam. Viele Unternehmerpaare erleben genau das – oft sogar über Jahrzehnte. Sie führen nicht mehr gemeinsam, aber sie bleiben verbunden. Als Mentoren. Als Investoren. Als Gesprächspartner. Als stille Komplizen einer gemeinsamen Idee, die grösser war als die damalige Form.

Entscheidend ist: Der zweite Anfang braucht Respekt. Und Freiheit. Die Freiheit, dass der andere sich wirklich verändern darf. Die Freiheit, nicht alles gemeinsam zu machen. Die Freiheit, Nein zu sagen – und Ja zu etwas Neuem.

Manchmal sind es auch neue Themen, die den zweiten Anfang ermöglichen. Eine neue Branche. Eine neue Zielgruppe. Ein gemeinsames Engagement für etwas, das über das Unternehmen hinausgeht – Bildung, Soziales, Innovation, Gemeinwohl. Etwas, das den Geist der Verbindung neu entflammt.

Und manchmal ist es einfach der Mensch. Das Wissen: Wir verstehen uns auf einer Ebene, die bleibt – egal, wie sich unsere Berufe, Rollen oder Projekte verändern. Der zweite Anfang ist auch eine Einladung an das Ich: Wer bin ich, wenn ich nicht mehr in dieser alten Rolle bin? Was kann aus mir werden, wenn ich mich nicht mehr nur als Teil eines festen Wir definiere? Diese Fragen eröffnen Entwicklung. Sie machen Platz für neue Ideen – ohne das Alte zu verleugnen. Wenn beide Partner diesen Weg gehen, kann etwas Aussergewöhnliches entstehen: eine Beziehung, die tiefer wird, weil sie sich nicht an der Form festhält. Eine Verbindung, die reift – wie guter Wein, wie wahre Freundschaft, wie stille Loyalität. Dann entsteht ein neues Kapitel. Eines, das nicht mehr beweisen muss, wie gut man zusammen funktioniert. Sondern das zeigt, wie sehr man sich gegenseitig respektiert. Wie viel man gemeinsam getragen hat. Und wie sehr man dem anderen wünscht, seinen ganz eigenen Weg zu gehen – ohne das Verbindende aus dem Blick zu verlieren.

Denn manchmal ist die wahre Grösse einer Partnerschaft nicht, gemeinsam bis zum Schluss alles zu tun. Sondern gemeinsam zu erkennen, wann etwas Neues beginnen darf.

Ein zweiter Anfang ist kein Wiederholen. Er ist ein neues Kapitel – geschrieben mit allem, was war. Und mit allem, was möglich ist.

Notizen:

Notizen:

Kapitel 28: Von der Partnerschaft zur Kultur – Wie das Miteinander an der Spitze das ganze Unternehmen prägt

Ein Unternehmen ist nie nur das, was in Strategiepapiere geschrieben steht oder auf der Website kommuniziert wird. Es ist auch nicht nur das Produkt oder die Dienstleistung, die man verkauft. Ein Unternehmen ist vor allem ein Raum – ein Raum, in dem Menschen zusammenkommen, um etwas zu gestalten. Und in diesem Raum wirkt etwas Unsichtbares, aber unglaublich Mächtiges: Kultur. Kultur ist nicht das, was man definiert. Sie ist das, was gelebt wird. Sie zeigt sich in der Sprache, in den Gesprächen auf den Gängen, in der Art, wie mit Fehlern umgegangen wird, wie Entscheidungen kommuniziert, wie Konflikte ausgetragen oder vermieden werden. Sie ist das, was Mitarbeitende fühlen, oft lange bevor sie es benennen können.

Und an der Wurzel dieser Kultur steht die Partnerschaft der Unternehmensführung. Denn Führung ist immer Vorbild – ob gewollt oder nicht. Das Verhalten der Gründer, Geschäftsführer oder Vorstände ist nicht privat. Es ist wirksam. Es prägt, was möglich ist – und was nicht. Wenn an der Spitze Offenheit herrscht, entsteht Mut im Team. Wenn auf Augenhöhe geführt wird, traut sich auch das mittlere Management, zuzuhören statt zu dominieren. Wenn Konflikte respektvoll und klar ausgetragen werden, entsteht eine Atmosphäre, in der auch schwierige Themen angesprochen werden dürfen. Umgekehrt: Wenn an der Spitze Druck herrscht, Misstrauen, Egospielchen oder verdeckte Kämpfe, dann sickert genau dieses Klima unweigerlich in alle Bereiche.

Deshalb ist die Partnerschaft in der Führung kein isoliertes Konstrukt. Sie ist das emotionale und kulturelle Herz des

Unternehmens. Und je bewusster sich die Partner darüber sind, desto gezielter können sie gestalten – nicht nur ihre eigene Beziehung, sondern das gesamte soziale Gefüge ihres Unternehmens.

Eine starke, bewusste Partnerschaft wirkt wie ein Resonanzkörper. Sie strahlt aus – durch Entscheidungen, durch Rituale, durch Haltung. Sie wird zum Anker für das Team, zur Orientierung für die Werte, zur Verkörperung dessen, was in der Organisation als „normal" erlebt wird. Die Frage ist also nicht: Wie führen wir uns gegenseitig? Sondern auch: Was vermitteln wir dadurch allen anderen?

Beispiel: Wenn sich die Partner regelmässig Zeit nehmen, einander zuzuhören – nicht nur auf der Sachebene, sondern persönlich – dann wird diese Haltung über kurz oder lang zur Selbstverständlichkeit im Unternehmen. Wenn sie transparent über schwierige Entscheidungen sprechen, ohne sich gegenseitig blosszustellen, dann lernen auch andere, dass man Kritik äussern kann, ohne zu verletzen. Und wenn einer der Partner einen Fehler eingesteht – offen, ehrlich, ohne Ausflüchte –, dann sinkt die Scham im gesamten System. Dann entsteht Sicherheit.

Genauso wirkt das Gegenteil. Wenn Konflikte nur hinter verschlossenen Türen ausgetragen werden, entstehen Gerüchte. Wenn einer der Partner über den anderen abwertend spricht – selbst subtil –, verliert das Team die Orientierung. Loyalität beginnt zu zerfallen, und mit ihr das Fundament für Vertrauen und Eigenverantwortung. Mitarbeitende orientieren sich nicht mehr an klaren Werten – sondern an impliziten Machtverhältnissen.

Deshalb ist es so wichtig, dass sich Partner an der Spitze nicht nur als funktionales Duo begreifen, sondern als bewusste Kulturträger. Ihre Beziehung ist mehr als ihr persönliches Miteinander – sie ist ein Modell. Eine Einladung. Oder eine Warnung. Diese Verantwortung kann man nicht delegieren. Aber man kann sie gestalten.

Das beginnt mit Bewusstsein:

Wie erleben uns unsere Mitarbeitenden? Was beobachten sie – auch in Momenten, in denen wir nicht kommunizieren, sondern einfach nur anwesend sind? Welche Atmosphäre geht von unserer Zusammenarbeit aus? Was fühlen Menschen, wenn sie in unseren Meetings sitzen, wenn sie mit uns Entscheidungen vorbereiten, wenn sie Zeuge werden, wie wir miteinander umgehen?

Diese Fragen sind unbequem. Aber sie sind notwendig. Denn sie verhindern, dass sich unbewusste Muster verselbstständigen. Und sie öffnen den Raum für bewusste Kulturarbeit.

Man kann diese Wirkung auch gezielt nutzen. Zum Beispiel, indem man als Partner offen über das Miteinander spricht – nicht nur intern, sondern im Team. Indem man die Entwicklung der eigenen Beziehung sichtbar macht: Wir haben gelernt, besser zuzuhören. Wir haben verstanden, wie wichtig es ist, unsere Entscheidungen abzustimmen. Wir ringen manchmal – aber wir bleiben im Gespräch. Solche Aussagen sind keine Schwäche. Sie sind Führung. Denn sie machen klar: Kultur entsteht nicht durch Perfektion – sondern durch Reflexion. Sie zeigen: Auch an der Spitze sind Menschen, die sich entwickeln.

Und je offener diese Menschlichkeit gelebt wird, desto stärker wird das Unternehmen. Denn dann entsteht Vertrauen. Und Vertrauen ist der Boden, auf dem Kreativität, Mut, Eigenverantwortung und echte Loyalität wachsen.

Am Ende also: Die Partnerschaft an der Spitze ist nicht nur ein Arbeitsmodell. Sie ist ein kultureller Hebel.

Ein Signal. Eine tägliche Botschaft: So geht Miteinander. So geht Führung. So geht Entwicklung.

Und dieses Signal wirkt tiefer als jedes Handbuch. Es wirkt durch Haltung. Und Haltung ist der stärkste Treiber von Kultur.

Notizen:

Notizen:

Kapitel 29: Unternehmerische Identität als Paar – Was bleibt, wenn das Unternehmen wegfällt?

Am Anfang ist alles klar: Zwei Menschen, ein Ziel, eine Vision. Man gründet gemeinsam, man investiert Zeit, Geld, Energie. Entscheidungen, Durchbrüche, Rückschläge – alles geschieht im gemeinsamen Kontext. Man lebt in diesem Unternehmen. Und irgendwann lebt man als dieses Unternehmen.

Die Identität verschmilzt mit der Rolle. Man ist nicht mehr einfach nur eine Person. Man ist Mitgründer, Mitgeschäftsführer, Partner an der Spitze. Und man ist es nicht allein – sondern im Duo. Das „Wir" wird zur tragenden Konstante. Nach innen, nach aussen, im Denken, im Reden, im Handeln.

Doch irgendwann – vielleicht nach Jahren, vielleicht nach Jahrzehnten – kommt die Frage: Wer bin ich, wenn all das wegfällt? Wenn das Unternehmen verkauft wird, wenn ich aussteige, wenn wir aufhören, Seite an Seite zu führen? Was bleibt von uns, was bleibt von mir – ohne das tägliche Tun, ohne die Meetings, ohne die Verantwortung, ohne das „Wir" als Funktion?

Diese Frage ist tiefer, als sie zunächst erscheint. Denn Identität ist kein Status. Sie ist das Ergebnis jahrzehntelanger Gewohnheit. Wenn man sich jeden Tag als Entscheidungsträger, Problemlöser, Strategen oder emotionalen Anker eines Unternehmens erlebt – und das in direkter Verbindung mit einem anderen Menschen – dann wird das zur zweiten Haut. Und wenn diese Haut eines Tages abgestreift wird, entsteht eine Leere. Kein Fehler, keine Schwäche. Einfach Raum, der früher gefüllt war.

Manche erleben diesen Moment als Befreiung. Andere als leisen Schock. Denn plötzlich fehlen die Gespräche, die Struktur, der Sinn, der Fokus. Und auch das „Wir" beginnt zu schweben. Was sind wir jetzt – wenn wir nicht mehr gemeinsam führen?

Die unternehmerische Identität als Paar war nie „nur" Arbeit. Sie war Beziehung. Eine tägliche Choreografie. Ein wechselseitiger Rhythmus aus Absprechen, Abstimmen, Antreiben, Aushalten. Und diese Dynamik hat das Innere geformt: Die eigene Haltung, die Art zu denken, die Art zu reagieren – vieles davon entstand im Spiegel des anderen. Wenn das Unternehmen nun wegfällt – sei es durch Verkauf, Übergabe oder bewussten Rückzug – beginnt ein Prozess, der nicht weniger existenziell ist als eine Neugründung: die Rückeroberung der eigenen Identität. Nicht rückwärtsgewandt. Nicht nostalgisch. Sondern ehrlich, gegenwärtig, offen: Was davon war wirklich ich? Was habe ich übernommen? Was habe ich unterdrückt? Was kann ich neu entdecken – jenseits der Funktion, jenseits der Rolle, jenseits des alten „Wir"?

Für viele ist dieser Prozess gleichzeitig befreiend und schmerzhaft. Denn er bringt auch Fragen mit sich, die lange überdeckt waren: Habe ich mich selbst vergessen? Habe ich mich dem anderen angepasst? Habe ich mich über Verantwortung definiert – und wenn ja, was macht mich nun aus? Es ist ein Übergang. Kein Ende, aber auch kein blosser Wechsel. Es ist die stille Rückkehr zu sich selbst – mit all dem, was die gemeinsame unternehmerische Zeit geschenkt und geformt hat. Und auch für das Miteinander als Paar – sei es im freundschaftlichen, partnerschaftlichen oder familiären Sinne – stellt sich die Frage: Was trägt uns jenseits des Unternehmens? Was bleibt, wenn wir nicht mehr über Projekte sprechen müssen? Können wir neu zueinander finden – nicht in der Aufgabe, sondern in der Essenz?

Manche Paare entdecken dann neue Felder. Sie reisen gemeinsam. Sie schreiben. Sie gründen noch einmal – aber ganz anders. Oder sie gehen bewusst auseinander – nicht aus Enttäuschung, sondern aus der Klarheit, dass die gemeinsame Form ihren natürlichen Lauf genommen hat. Wichtig ist: Dieser Prozess ist nichts, was man „löst". Es ist ein Übergang, der gefühlt werden muss. Eine Integration. Eine Würdigung. Und eine Einladung, sich selbst neu kennenzulernen.

Denn am Ende ist das Unternehmen nicht das, was man wirklich war. Es war das Feld, in dem man sich erfahren, gestalten, wirken konnte. Was bleibt, ist der Mensch – mit mehr Tiefe, mehr Klarheit, mehr Erinnerung. Und was bleibt von der Partnerschaft? Vielleicht ein Wort. Ein Blick. Ein unausgesprochener Dank. Oder ein neues Kapitel – frei von Funktion, getragen von Verbundenheit. Identität ist nichts Festes. Sie ist Bewegung. Und jeder Abschnitt, der endet, schenkt die Möglichkeit, sich noch einmal neu zu erfinden.

Was bleibt, wenn das Unternehmen geht? Alles, was wirklich getragen hat.

Notizen:

Kapitel 30: Der wahre und richtige Geschäftspartner – Was wirklich zählt

Am Anfang steht oft die Suche: nach einer Idee, nach einem Geschäftsmodell, nach einem Investor – und irgendwann nach einem Partner. Jemand, mit dem man gemeinsam etwas Grosses schaffen kann. Jemand, der ergänzt, herausfordert, versteht. Jemand, mit dem Arbeit nicht nur funktioniert, sondern sich bedeutend anfühlt.

Doch wer ist das – der „richtige" Geschäftspartner? Ist es derjenige, der dieselben Ziele hat? Der dieselbe Sprache spricht? Die gleichen Werte teilt? Oder ist es vielleicht der, der ganz anders denkt – und uns gerade dadurch zu mehr Tiefe zwingt? Ist es derjenige, der uns antreibt? Oder der, der uns zur Ruhe bringt? Der uns spiegelt? Oder der, der uns entlastet? Die Wahrheit ist: Der richtige Partner ist kein Ideal. Kein fixes Konzept. Keine Liste von Eigenschaften. Sondern eine lebendige Erfahrung. Er zeigt sich nicht nur in der Harmonie – sondern vor allem im Konflikt. Nicht nur in der Übereinstimmung – sondern in der Art, wie man mit Differenz umgeht. Nicht nur im Erfolg – sondern im Miteinander durch Unsicherheit, Veränderung und Entscheidung.

Der wahre Geschäftspartner ist derjenige, mit dem man nicht nur gemeinsam aufbaut, sondern auch gemeinsam durchhält. Der bleibt, wenn es unbequem wird. Der nicht gleich denkt – aber gleich ernst nimmt. Der dich sieht, auch wenn du selbst den Überblick verlierst. Der dich fordert, ohne dich zu entwerten. Der dir Freiheit lässt – und gleichzeitig Nähe wagt.

Es ist jemand, mit dem man sich streiten kann – ohne sich zu verlieren. Mit dem man schweigen kann – ohne sich fremd zu werden. Mit dem man Visionen spinnt – und den Mut hat, sie wieder zu verwerfen. Es ist jemand, mit dem man nicht nur Entscheidungen trifft – sondern mit dem man wächst. Ein wahrer Partner ist nicht perfekt. Und er verlangt auch keine Perfektion. Aber er verlangt Echtheit. Präsenz. Bereitschaft. Den Mut, sich zu zeigen – und den Willen, sich zu entwickeln. Und du selbst? Auch du musst dieser Partner sein. Nicht nur der, der beurteilt, vergleicht, erwartet. Sondern der, der hält. Der, der zuhört. Der, der nicht ausweicht, wenn es ernst wird. Der bereit ist, nicht nur das Unternehmen zu gestalten – sondern auch sich selbst. Denn jede Partnerschaft ist nicht nur ein Geschäft. Sie ist ein Spiegel. Und in diesem Spiegel erkennst du früher oder später nicht nur den anderen – sondern dich. Der richtige Geschäftspartner ist also nie nur „der andere". Er ist die Beziehung, die ihr miteinander gestaltet. Die Räume, die ihr euch lasst. Die Klarheit, die ihr schafft. Die Werte, die ihr lebt – auch dann, wenn es niemand überprüft. Am Ende bleibt nicht das Produkt. Nicht der Exit. Nicht der Umsatz.

Es bleibt die Erfahrung, gemeinsam etwas geschaffen zu haben, das über das Einzelne hinausgeht. Etwas, das nicht nur sichtbar, sondern spürbar war. Und vielleicht – ganz vielleicht – ist der wahre und richtige Geschäftspartner nicht derjenige, mit dem alles leicht war. Sondern derjenige, mit dem es echt war.

Notizen:

Notizen:

Schlusswort

Ein Unternehmen ist ein Raum, den Menschen erschaffen. Doch eine Partnerschaft – eine echte, gelebte, tragfähige Partnerschaft ist weit mehr. Sie ist eine Einladung: zum Mitdenken, Mitfühlen, Mittragen. Sie ist ein täglicher Beweis dafür, dass das, was zählt, nicht nur in Plänen, Strategien und Ergebnissen liegt, sondern in der Art, wie wir miteinander umgehen.

Wenn zwei Menschen sich entscheiden, ein Unternehmen gemeinsam zu führen, dann entscheiden sie sich für etwas sehr Persönliches. Für eine Form von Nähe, die nicht selbstverständlich ist. Für Verantwortung, die geteilt – und manchmal allein getragen – werden muss. Für Ehrlichkeit. Für Wachstum. Für Reibung. Für Vertrauen.

Dieses Buch war kein Ratgeber im klassischen Sinne. Es war eine Reise – durch die Höhen und Tiefen, durch das Offensichtliche und das Unsichtbare, durch das Laute und das ganz Leise einer Partnerschaft, wie sie wirklich ist: menschlich. Unvollkommen. Und gerade deshalb so kraftvoll.

Vielleicht hast du beim Lesen manches wiedererkannt. Vielleicht hat dich etwas überrascht, etwas berührt, etwas aufgewühlt. Vielleicht hast du dich selbst gesehen – oder deinen Partner. Vielleicht ist etwas klarer geworden. Vielleicht wurde etwas stiller in dir. Wenn nur ein Gedanke aus diesem Buch dich dazu einlädt, bewusster hinzuschauen, tiefer zu sprechen, offener zu hören, dann hat es bereits seinen Sinn erfüllt.

Denn am Ende bleibt vor allem eines: Beziehung. Und wie wir diese Beziehung führen – ob in Stärke oder in Zweifel, ob in Harmonie oder Konflikt, ob im Aufbruch oder Abschied –, sagt mehr über uns aus als jede Bilanz.

Der wahre und richtige Geschäftspartner ist nicht der perfekte Mensch.

Sondern der Mensch, mit dem du bereit bist, das Unperfekte gemeinsam zu tragen.

Mit Klarheit. Mit Haltung. Mit Herz.

Danke, dass du diesen Weg durch das Buch gegangen bist.

Vielleicht beginnst du morgen einen neuen. Gemeinsam.

Notizen:

Danksagung

Dieses Buch ist nicht allein am Schreibtisch entstanden. Es ist das Ergebnis unzähliger Gespräche, Beobachtungen, Begegnungen und Fragen, die uns über Jahre begleitet haben. Unser Dank gilt all jenen, die sich in ihren Rollen als Vorstand, Führungskraft, Beraterin, Begleiter, Kritikerin oder Zuhörer geöffnet haben – oft in vertraulichen Momenten, in denen Führung in ihrer wahren Tiefe sichtbar wurde.

Wir danken insbesondere den Vorständen, mit denen wir arbeiten durften – für ihre Bereitschaft, sich selbst infrage zu stellen, für ihr Vertrauen in den Prozess und für ihren Mut, jenseits von Status und Struktur neue Wege zu gehen. Viele Impulse in diesem Buch tragen ihre Handschrift – auch wenn sie anonym bleiben.

Unser Dank gilt auch den stillen Sparringspartnern hinter den Kulissen – denjenigen, die nicht laut, aber entscheidend zur Schärfung meiner Gedanken beigetragen haben. Für die klugen Fragen, die kritischen Rückmeldungen, die nötigen Irritationen und das gemeinsame Ringen um Klarheit.

Ein besonderer Dank gilt dir Yves, der sein Wissen und seine Erfahrung aus der Unternehmensberatung umfangreich und engagiert eingebracht hat. Deine Unter-stützung war nicht nur fachlich wertvoll, sondern mit-prägend für die Umsetzung und inhaltliche Tiefe dieses Buches. Danke für deine Verlässlichkeit, deinen Blick fürs Wesentliche und deine Bereitschaft, mitzugestalten.

Und nicht zuletzt: Danke an jene Leserinnen und Leser, die sich diesem Buch mit Offenheit nähern. Möge es nicht nur gelesen, sondern gelebt werden – als Einladung, Führung neu zu denken. Tiefer. Wahrhaftiger. Wirksamer.

Vielen Dank, dass du dieses Buch gelesen hast. Ich wünsche dir Erfolg, Motivation und unendliche Lernfreude auf deiner Reise!

Günther Plamenig

Unternehmer, Berater, Coach, Schriftsteller, Künstler

Notizen:

Vom Autor: Günther Plamenig

Titel: Der wahre und richtige Geschäftspartner

Titel: Wer ich wirklich bin?

Titel: Die Sinn-Krise der Moderne
Warum wir alles haben und trotzdem leer sind

Titel: Warum die meisten Beziehungen nach 9 Monaten beendet sind

Titel: Gehirn-Hacking

Titel:100 Jahre jung

Titel: Der Unternehmer der Zukunft

Titel: Wie moderne Eltern ihre Kinder erziehen sollten

Titel: Wege zum Erfolg

Titel: Die Gemeindeberater

Titel: Der Vorstandberater

Titel: Wie baue ich in einem Jahr ein Millionenunternehmen auf

Titel: Der Weg zur ersten Million

Titel: Die Zukunfts-Formel: KI, Persönlichkeit und Business

Titel: Charisma entfesseln

Titel: Der Bauherrenberater Schweiz

Titel: Das Baustellen Handbuch

Titel: Ein Tag in der Zukunft

Titel: Der Präsidentenberater

Titel: Die Wahrheit da draussen – UFOs, Aliens und das Schweigen der Mächtigen

Verlag Bottom up

E- Mail: bottomupverlag@gmail.com

Im Buchhandel ausverkauft:

Titel: **Wege Zum Erfolg**, 1. Auflage **jetzt wieder erhältlich unter:**

bottomupverlag@gmail.com

erhältlich!

Preis Sfr. 35.50 inkl. Versand.

Verlag:

E- Mail: bottomupverlag@gmail.com

Notizen:

Notizen:

www.ingramcontent.com/pod-product-compliance
Lightning Source LLC
LaVergne TN
LVHW090359051026
849518LV00006B/2174